Schleswig-Holsteins Osten

Reisen damals und heute

Peter Wenners

Impressum

© Coverfoto: Shutterstock-Wolfgang Jargstorff

© Fotos: Peter Wenners

© Karten: Shutterstock-ii-graphics

© Portrait Peter Wenners: Peter Wenners

© Reisebuch Verlag 2023

Parkstraße 16

D-24306 Plön

Alle Rechte vorbehalten

Reisebücher in Print und Digital - Reisecontent

www.reisebuch-verlag.de

verlag@reisebuch.de

ISBN: 978-3-947334-71-1

Inhalt

Regionen im Osten Schleswig-Holsteins:

Nordosten

1. Flensburg	9
2. Flensburg-Kupfermühle	14
3. Glücksburg	19
4. Schleswig-St. Petri Dom	24
5. Gottorf	30
6. Danewerk	37
7. Haithabu	42
8. Eckernförde	47
9. Hüttener Berge	52
10. Rendsburg	57
11. Büdelsdorf-Carlshütte	63
12. Westermühlen	69

Mitte

13. Eiderkanal	75
14. Großkönigsförde-Findling	81
15. Nord-Ostsee-Kanal	86
16. Emkendorf	92
17. Dänischer Wohld	97
18. Knoop	101
19. Holtenau-Eiderkanal	105
20. Kiel	111

21. Kieler Förde	117
22. Kronshagen-Alte Heerstraße	122
23. Bordesholm-Kloster	128
24. Neumünster	134
25. Schwentine	140
26. Preetz-Kloster	145
27. Laboe	150
28. Probstei	155

Osten

29. Lütjenburg	162
30. Holsteinische Schweiz	167
31. Plön	172
32. Plöner See	177
33. Eutin	182
34. Eutin-Schlossgarten	186
35. Ukleisee	192
36. Bungsberg	196
37. Oldenburg	201
38. Heiligenhafen	206
39. Fehmarn	211
40. Segeberg	217

Quellenverzeichnis	223
Literaturverzeichnis	228
Zum Autor	229

Schleswig-Holsteins Osten

Reisen damals und heute

„Reisen ist Leben, dann wird das Leben reich und lebendig" (Hans Christian Andersen)

Im Mittelalter begeben sich vor allem Kaufleute, Soldaten und religiöse Pilger auf die Reise, eine beschwerliche Angelegenheit, ohne Hilfsmittel zur Orientierung, meist zu Fuß, auf einem Pferd oder mit einem Ochsenkarren, auf nicht ausgebauten, unebenen Wegen.

Im 18. Jahrhundert entdecken Adelige, Reiche und Intellektuelle die Bildungsreisen. Mit diesen kommen die Reiseberichte, die rasch äußerst populär werden. Reisen bleibt etwas für Privilegierte, mit entsprechender Neugier werden diese Berichte aufgenommen. Im 19. Jahrhundert verbessert sich der Zustand der Straßen, später kommt die Eisenbahn hinzu. Das Reisen wird bequemer. Reiseführer und Reiseberichte werden immer mehr zu Bestsellern.

Historische Reiseführer und Reiseberichte stellen für die meisten zeitgenössischen Leser ferne, bislang unbekannte Welten vor, und zwar gemäß zeitbedingten Vorstellungen und meist subjektiven Beurteilungen. Viele Darstellungen sind ehrlich und unvoreingenommen, andere wiederum übertreiben oder verfälschen die Realitäten.

Dieses Buch lädt ein zu einer Reise entlang der Ostküste Schleswig-Holsteins. Mit vierzig Auszügen aus historischen Reiseführern und Reiseberichten werden beliebte Reiseziele von früher vorgestellt. Die meisten Texte stammen aus dem 19. Jahrhundert und dem frühen 20. Jahrhundert, weil in dieser Zeit das Reisen für viele Menschen immer selbstverständlicher wird. Um zu einer Entdeckungstour durch das Land zu motivieren, wird diesem Ausflug in die Vergangenheit gegenübergestellt, wie sich diese Orte in der Gegenwart präsentieren.

Die historischen Texte sind in ihrer originalen Grammatik, Orthographie und Interpunktion belassen, so dass aus heutiger Sicht Fehler in Rechtschreibung, Zeichensetzung und Grammatik vorkommen.

Nordosten

1. Flensburg
2. Flensburg-Kupfermühle
3. Glücksburg
4. Schleswig-St. Petri Dom
5. Gottorf
6. Danewerk
7. Haithabu
8. Eckernförde
9. Hüttener Berge
10. Rendsburg
11. Büdelsdorf-Carlshütte
12. Westermühlen

Flensburg

Flensburg, die grösste Stadt und der bedeutendste Handelsplatz des Herzogthums Schleswig, mit 27.000 Einwohnern, ist zugleich eine der am schönsten belegenen Städte des deutschen Nordens und hinsichtlich ihrer landschaftlichen Belegenheit jedenfalls die schönste unter allen Seestädten des deutschen Reiches. ...

Erst nachdem man in Flensburg angekommen, sieht man, dass Schleswig-Holstein doch wohl nicht so ganz mit Unrecht das „gesegnete" genannt wird. Sobald man hier aus dem sehr dürftigen, den Verkehrsverhältnissen durchaus nicht genügenden Bahnhof hinaustritt, hat man den schönen Flensburger Meerbusen und zunächst das südliche Ende desselben, den Flensburger Hafen, unmittelbar vor sich. Die vom Bahnhof in die Mitte der Stadt führende Strasse, die Rathhausstrasse, macht mit ihren neuen und zum Theil recht hübschen Gebäuden einen angenehmen Eindruck. Die Stadt liegt langgestreckt in einem langen schmalen Thal, eine halbe Stunde lang beinahe eine einzige Strasse bildend, von der einige wenige kleine Nebenstrassen hinab zum Hafen und hinaus auf die die Stadt umschliessenden Höhen führen, an den Ufern des Flensburger Meerbusens, oder wie er auch genannt wird, der Flensburger „Föhrde" /dänisch „Fjord"). ...

Flensburg ist durchaus Handelsstadt und macht mit seinen grossentheils hohen, mit Einfahrten zu den weitläufigen Speicherräumen in den Hintergebäuden versehenen Giebelhäusern ganz den Eindruck einer solchen. Die Vergangenheit der Stadt war in Krieg und Frieden eine sehr wechselvolle

Blick vom Ballastberg auf Flensburg, zwischen 1890 und 1900

und hat, besonders in den letzten Decennien des 18. Jahrhunderts, Perioden hohen Glanzes und grossen Reichthums aufzuweisen.

Illustrirter Reise- und Bade-Führer für Flensburg und Umgegend, das Ostseebad Glücksburg, Sundewitt und Alsen. Flensburg 1880. Verlag August Westphalen. Seite 8-10.

In dem Reiseführer aus dem Jahr 1880 werden vor allem die schöne geographische Lage Flensburgs und der einstige Reichtum der bedeutenden Handels- und Hafenstadt gepriesen.

Flensburg als heute drittgrößte Stadt Schleswig-Holsteins, am Ende der Flensburger Förde gelegen, war schon im Mittelalter ein strategisch wichtiger Ort, seit 1411 auf dem Marienberg die Festung Duborg erbaut worden war. In den

Jahren danach geriet die Stadt immer wieder zwischen die Fronten in der Auseinandersetzung zwischen Dänemark und den Hansestädten. Andererseits ist Flensburg eine Stadt geblieben, in der zwei Sprach- und Kulturgemeinschaften, die dänische und die deutsche, weitgehend in Frieden miteinander leben. Ein zentraler Ort wurde Flensburg während der Reformationszeit, als hier die so genannte Flensburger Disputation 1529 den Anstoß gab für die Einführung der lutherischen Reformation in Dänemark und den Herzogtümern Schleswig und Holstein. Mit dem Niedergang der Hanse stieg Flensburg im 16. Jahrhundert zur zweitgrößten Hafenstadt im dänischen Reich auf; die Flensburger Kaufleute unterhielten Handelsbeziehungen in alle Welt. Eine erneute Blütezeit erlebte die Stadt im 18. Jahrhundert mit dem Import von Rohrzucker aus den dänischen Kolonien in der Karibik. Dieser Zucker- und Rumhandel begründete den Reichtum der Stadt.

Warum sich ein Besuch Flensburgs lohnt!

Die nördlichste kreisfreie Stadt Deutschlands gilt als besonders schöner Ort direkt an der dänischen Grenze und vielen sogar als entspanntester. Flensburg hat wirklich viel zu bieten. Auf dem Museumsberg ermöglicht das 1876 gegründete städtische Museum in zwei Gebäuden eine beeindruckende Begegnung mit der schleswigschen Kunst- und Kulturgeschichte vom Mittelalter bis zur Gegenwart. Das neugotische Hans-Christiansen-Haus, einst eine Schule, stellt Möbel und Gemälde vom Klassizismus bis zur Moderne aus. Das Naturwissenschaftliche Museum im Heinrich-Sauermann-Haus gewährt Einblicke in die Tier- und Pflanzenwelt des nördlichen Schleswig-Holsteins. Das Eiszeit-Haus in einem benachbarten alten Wirtschaftsgebäude präsentiert Sammlungen zur Erdgeschichte. Zu diesem Museumsbezirk gehört auch der Alte Friedhof, auf dem der imposante Idstedter Löwe steht, der an die Schlacht von Idstedt 1850 und damit an die Kriege zwischen Dänemark und Deutschland erinnert.

Ein weiterer attraktiver Museumskomplex ist der Historische Hafen Flensburgs. Das alte Zollpackhaus bietet dem Schifffahrtsmuseum interessante Ausstellungsräume, das Rum-Museum im Zollamtsgebäude führt zur Begegnung mit diesem berühmten Flensburger Getränk. Am Hafenkai ist ein Museumshafen eingerichtet mit zahlreichen historischen Schiffen, wie zum Beispiel dem Salondampfer „Alexandra" von 1908. Auf der Museumswerft werden Segel- und Arbeitsboote nachgebaut oder restauriert, und der frühere Werftalltag wird lebendig. Der so genannte Flensburger Kapitänsweg leitet den Besucher auch zum Ostufer der Förde mit seinem Fischereimuseum. Das moderne Science Center der Universität Flensburg, die einmalige Phänomenta, ermöglicht das im wahrsten Sinne begreifbare Erlebnis von Natur und Technik.

Die wirklich faszinierende Altstadt hält viele weitere Sehenswürdigkeiten bereit, die unbedingt besichtigt werden sollten, wie das Nordertor vom Ende des 16. Jahrhunderts, das Wahrzeichen der Stadt, die Johanniskirche aus dem 12. Jahrhundert, das älteste Gotteshaus Flensburgs, die hochgotische Marienkirche, die gotische Hauptkirche St. Nikolai, das Franziskanerkloster von 1263 mit seinen historischen Gebäuden, die Nikolai-Apotheke von 1490 als ältester Profanbau der Stadt, der Westindienspeicher aus dem Jahr 1789, der Südermarkt und der Nordermarkt mit seinen

Einer der für Flensburg typischen Höfe

Schrangen. Die zahlreichen Kaufmannshöfe am alten Hauptstraßenzug Holm/Große Straße/Norderstraße, sind Zeugen des Wohlstands in der Handelsstadt Flensburg.

> *Mein Tipp für den Genuss einer Flensburger Spezialität:* Natürlich sollte der Besuch eines der Flensburger Rumhäuser auf dem Programm stehen, ebenso wie eine Kostprobe dieses Getränkes.

> *Mein gastronomischer Tipp:* Alte Senfmühle, Holmhof 45, 24937 Flensburg; www.alte-senfmuehle.de: Das kleine und sehr gemütliche Steak-Restaurant befindet sich in den Räumen einer ehemaligen Essig- und Sauerkrautfabrik mitten im Herzen Flensburgs.

Adresse: St. Nikolai, Nikolaikirchhof 8, 24937 Flensburg

www.sh-tourismus.de/flensburg

www.flensburger-foerde.de/flensburger-foerde/flensburg

www.sh-tourismus.de/flensburg

www.museumsberg-flensburg.de

www.flensburger-friedhoefe.de/begegnungsstaetten/alter-friedhof

www.historischer-hafen.de

www.phaenomenta-flensburg.de

Flensburg – Kupfermühle

Macht man den Weg von Kollund nach Wassersleben zu Fuß, so trifft man in der Kehle der Bucht an der Mündung der Krusau auf die „Flensburger Kupfermühle", ein Jahrhunderte altes industrielles Etablissement, das die ältesten Chronisten als ein von König Christian IV. zu Anfang des 17. Jahrhunderts gegründetes Hammerwerk kennen. Dasselbe ging 1628 unter den Wirren des 30jährigen Krieges zu Grunde, wurde nach Beendigung desselben vom Bürgermeister Carsten Beyer als Kupferwerk und, nachdem es zweimal abgebrannt, im Jahre 1682 von Hans Denckern aus Altenschlag endgültig als Kupfer- und Messingwerk wieder aufgebaut. Als solches ist die Fabrik, die heute insbesondere Yellow-Metallplatten zum Beschlagen hölzerner Segelschiffe herstellt, zum bedeutendsten Etablissement seiner Art auf dem europäischen Kontinent geworden.

Werkhalle der Kupfermühle

Haas, Hippolyt; Hermann Krumm; Fritz Stoltenberg (Hg.): Schleswig-Holstein meerumschlungen in Wort und Bild. Kiel 1896. Verlag Lipsius und Tischer, Seite 203-204.

In dem Buch „Schleswig-Holstein meerumschlungen in Wort und Bild" wird die Geschichte der Flensburger Kupfermühle kurz zusammengefasst, dieses Hammerwerks zur Metallverarbeitung, das der dänische König und Herzog von Schleswig-Holstein Christian IV. um 1600 an der Krusau errichten ließ.

Standortfaktor war das starke Gefälle des kleinen Flusses, das man für den Antrieb des mit Wasserkraft betriebenen Hammerwerks brauchte. Über die nahe Hafenstadt Flensburg wurden die Anlieferung von Rohstoffen und der Abtransport der Waren abgewickelt. Das Kupfer- und Messingwerk Kupfermühle war um 1800 der größte Industriebetrieb des Herzogtums Schleswig und einer der größten im Dänischen

Königreich. Bis 1962 wurde in der traditionsreichen „Crusauer Kupfer- und Messingfabrik" produziert.

Warum sich ein Besuch der Kupfermühle lohnt!

Das ist etwas für diejenigen, die sich für Technik- und Industriegeschichte begeistern. 2009 wurde das „Kobbermølle Museum" im Pförtnerhaus in Kupfermühle eröffnet. In den drei vollständig renovierten historischen Hallen des Kupfer- und Messingwerkes zeigt die Ausstellung, die alle Technikinteressierten beeindrucken wird, seit der Wiedereröffnung im Juli 2014 die regionale Industriegeschichte. In Halle 1 wird neben der Museumspädagogik die Sammlung mit Exponaten aus vierhundert Jahren Fabrik- und Ortsgeschichte präsentiert. In Halle 2 fasziniert die Werkstatt im Turbinenhaus mit den zwei Essen, den Maschinen des 19. und 20. Jahrhunderts und dem Zugang zum Wasserrad. Die Halle 3 beherbergt die alte Maschinenhalle mit dem rekonstruierten Hammerwerk. Im Anschluss an den Museumsbesuch empfiehlt sich ein Rundgang durch den kleinen Ortsteil Kupfermühle mit Verwaltungsgebäuden und Teilen der Direktorengebäude sowie vor allem den denkmalgeschützten alten Arbeiterhäusern mit sechsunddreißig Wohnungen, immerhin einer der ältesten Arbeitersiedlungen Nordeuropas.

Der Ort Kupfermühle ist der westliche Endpunkt des wunderschönen Ostseeküsten-Radweges, der bis zum östlichsten Punkt in Ahlbeck auf der Insel Usedom eine Route von fast eintausend Kilometern umfasst. Von Flensburg bis Kappeln an der Schlei sind etwa siebzig Kilometer zurückzulegen.

Wasserrad in Kupfermühle

Vom historischen Zollamt Kupfermühle und dem Kobbermølle Museum führt der Europäische Fernwanderweg durch die idyllischen Wälder im Niehuuser Tunneltal zum Strandbad Wassersleben an der Flensburger Förde. Dort erreicht man an der Mündung der Krusau den überaus reizvollen dänischen „Gendarmenpfad", der den Wanderer am Nordufer der Flensburger Förde bis Sønderborg führt. Dieser schöne Küstenwanderweg hat von Padborg bis Høruphav eine Länge von vierundachtzig Kilometern, ist in fünf Etappen eingeteilt, für die der Wanderer etwa vier bis fünf Tage benötigt.

> **Mein Tipp zum Trost:** Natürlich sind aber ebenso kürzere Tagestouren möglich. Der besondere Reiz der Strecke liegt darin, dass man fast immer in der Nähe der Küste, teilweise auch direkt am Strand wandern kann.

> **Mein gastronomischer Tipp:** Café LaFe, Zur Kupfermühle 17, 24955 Harrislee; www.cafelafe.de: Das niedliche Lokal mit altem Kaffee - und Teegeschirr und leckeren selbstgebackenen Kuchen liegt im historischen Turmhaus der Kupfermühle.

Adresse: Industriemuseum Kupfermühle, Messinghof 3, 24955 Harrislee

www.industriemuseum-kupfermuehle.de

www.flensburger-foerde.de/kultur/industriemuseum-kupfermuehle

www.ostsee-schleswig-holstein.de/ostseekuesten-radweg

www.harrislee.de/Tourismus-Freizeit-Kultur/Rad-und-Wanderwege/Niehuuser-Tunneltal

www.gendarmsti.dk

Glücksburg

Nachdem wir die prächtigen Waldungen nach allen Richtungen kennen gelernt haben, wenden wir uns wieder zum Flecken und besichtigen zunächst das Schloss Glücksburg, ein alterthümliches viereckiges Gebäude mit an den vier Ecken angebauten Rondelen oder niedrigen achteckigen Thürmen. Den Mittelpunkt krönt ein kleiner, das Ganze überragender Thurm. Die weissgetünchten Mauern des Schlosses steigen direct aus dem Wasser des Schlossteiches empor. Vom Flecken aus führt eine Brücke auf den Schlosshof, von diesem aus rechts, zwischen den Nebengebäuden hindurch, eine zweite Brücke in den schönen, dem Publikum in liberalster Weise geöffneten Schlosspark, welcher 1733 vom Herzog Friedrich angelegt wurde. Links liegt das eigentliche Schloss, über dessen Eingang in der Mitte sich Name und Wappen des Herzog Hans, sowie sein Wahlspruch: GGGMF (Gott gebe Glück mit Frieden) befindet, zur Seite rechts das Braunschweig-Lüneburgische, links das Kursächsische Wappen der Gemahlinnen des Herzogs.

Wegen Besichtigung des Schlosses wende man sich an den im sogenannten Cavalierhause, dem dem Schlosse zunächst liegenden Gebäude, wohnenden Haushofmeister, welchem für seine Mühe eine kleine Vergütung gezahlt wird. An dem Bau des Schlosses sind die starken Gewölbe besonders bemerkenswerth. Das untere Gewölbe, zum Theil unter dem Wasserspiegel belegen, enthält die hübsche Schlosskapelle, in welcher sich unter dem westlichen Rondel die herzogliche Gruft befindet, mit den Särgen der Glücksburger Herzoge und ihrer Familien von Herzog Philipp an.

Illustrirter Reise- und Bade-Führer für Flensburg und Umgegend, das Ostseebad Glücksburg, Sundewitt und Alsen. Flensburg 1880. Verlag August Westphalen. Seite 54.

Der Verfasser des Reise- und Badeführers von 1880 zeigt sich besonders von der Außengestalt des Schlosses Glücksburg beeindruckt. Für das Innere hebt er die bemerkenswerten Gewölbe, die Schlosskapelle und die Gruft hervor.

In Glücksburg steht das Schloss der Herzöge von Schleswig-Holstein-Gottorf. Das Wasserschloss, das sich auf einem zweieinhalb Meter hohen Granitsockel erhebt und an drei Seiten von einem Binnensee umschlossen ist, von 1582 bis 1587 von Nikolaus Karies im Auftrag von Herzog Johann dem Jüngeren erbaut, ist eines der Hauptwerke der Renaissance im Land und zählt zu den imposantesten und prächtigsten Renaissanceschlössern in Nordeuropa. Der Wahlspruch des Bauherrn Johann III. kommt in den Buchstaben über dem Portal zum Ausdruck: G-G-G-M-F = „Gott gebe Glück mit Frieden". Daraus ergab sich der Name des Schlosses.

Warum sich ein Besuch des Schlosses Glücksburg lohnt!

Majestätisch ragt das Glücksburger Schloss aus dem Wasser empor. Das Wasserschloss, das zu besichtigen ist, bildet einen dreigeschossigen, weiß verputzten Bau aus drei nebeneinanderstehenden Giebelhäusern, ein für Schleswig-Holstein charakteristisches Mehrfachhaus mit Satteldächern sowie vier achteckigen Ecktürmen mit Zeltdächern. Innen sind die Räume symmetrisch angelegt mit den Sälen im Mittelbau.

Schloss Glücksburg um 1890-1905

Die Räume im Keller und in den ersten beiden Geschossen sind mit Kreuzgratgewölben und Stichkappentonnen überwölbt, das dritte Stockwerk hat eine Flachdecke. Die Schlosskapelle mit barocker Inneneinrichtung befindet sich als durchgehender Saal über zwei Langhäuser im Keller- und Erdgeschoss. Im Erdgeschoss empfängt die schlichte Grüne Diele die eintretenden Gäste. Im ersten Stock liegt in der Mitte der so genannte Rote Saal, im Stockwerk darüber der Weiße Saal. An die Eckräume der äußeren Häuser grenzen die Salons der Turmzimmer, zum Beispiel der Kaiserin-Turm und der Kaiserin-Salon in Erinnerung an die letzte deutsche Kaiserin Auguste Viktoria.

Der ganzjährig und frei zugängliche Schlosspark ist nach englischen Vorbildern gestaltet. Die barocke Gliederung des

Schloss Glücksburg

ursprünglichen Parks ist jedoch weitgehend erhalten geblieben. Die lichtdurchflutete Orangerie, die für Kunstausstellungen und Konzerte genutzt wird, bekam 1827 ihre heutige klassizistische Gestalt. Neben der großzügigen Parkanlage sind im Glücksburger Rosarium auf dem Gelände der alten Schlossgärtnerei seit 1990/91, auf einer Grundfläche von etwa einem Hektar, über fünfhundert historische englische Kletter- und Wildrosen zu bestaunen.

Vom Schloss führt ein gut fünf Kilometer langer Spaziergang zu den Sehenswürdigkeiten des Seebades Glücksburg. Zunächst umrundet man den Schlosssee und erfreut sich an der fantastischen Sicht auf den Schlosskomplex. Weiter geht es zum Kurzentrum auf die Kurpromenade, die zum Verweilen einlädt und einen Blick auf den feinen Strand und die gegenüberliegenden berühmten dänischen Ochseninseln gestattet. Durch die Straßen der Altstadt gelangt man wieder zum Schlosssee zurück.

> *Mein Tipp zum Abschied von der Flensburger Förde:* Deren ungeheure Naturvielfalt entfaltet sich dem Wanderer auf dem zehn Kilometer langen Wanderweg über die Halbinsel Holnis. Vom Holnis Kliff genießt man einen traumhaften Panoramablick über die wunderschöne Flensburger Förde.

> *Mein gastronomischer Tipp:* Alter Meierhof, Uferstraße 1, 24960 Glücksburg; www.alter-meierhof.de: Das exklusive Fünf-Sterne-Hotel liegt direkt an der Flensburger Förde mit Blick auf das dänische Ufer und bietet mehrere erstklassige Restaurants: Meierei Dirk Luther, Brasserie, Bodega und Lobby-Bar.

Adresse: Schloss Glücksburg, 24960 Glücksburg

www.schloss-gluecksburg.de

www.gluecksburg-urlaub.de

www.ostsee-schleswig-holstein.de/gluecksburg

www.schoenes-gluecksburg.de/rosarium

www.gluecksburg-urlaub.de/entdecken/halbinsel-holnis

Schleswig - St. Petri Dom

Die Stadt Schleswig gab als vormalige Hauptstadt des Herzogtums diesem und später dem Regierungsbezirk den Namen und war ursprünglich eine größere Niederlassung der Angeln am nördlichen Schleiufer, die zuverlässig zuerst im Anfang des IX. Jahrhunderts erwähnt wird. Sie war bis 1713 Residenz der Gottorper Herzöge und nahm auf den ehemaligen Landtagen unter den Städten den ersten Rang ein.

... Wir verfolgen weiter die Langestraße, biegen in die Norderdomstraße ein und sehen den St. Petri Dom vor uns. Auf einem Rundgange um denselben empfangen wir zunächst den Totaleindruck des stattlich-schönen Bauwerks. Der hohe schlanke Turm in Verbindung mit den Treppentürmen des Chors und der neue Giebel des Querhauses bilden seit 1894 eine Zierde des herrlichen Gotteshauses mit seinen 33 farbig verglasten Fenstern, deren drei östliche Ihre Majestät Kaiserin Auguste Victoria stiftete. An der Südseite betrachten wir das figurenreiche aus Lunder Sandstein gefertigte Bogenfeld über der Pe-tritür, die Löwenfigur neben dem Portale, die Sakristei mit dem herzoglichen Begräbnis an der Nordostecke, an der Nordseite das schräge Viereck des Schwahls. ...

Wir treten ein. In prächtiger Beleuchtung zeigt sich uns das fünfschiffige spätgotische Bauwerk, dessen südliches Schiff 1450, das nördliche 1501 nach dem Brande von 1440 vollendet wurde. Ursprünglich romanische Basilika des XII. Jahrhunderts, erfolgte der erste gotische Ausbau bereits um 1260. Im XVI. Jahrhundert wurde im Westen ein kostbares Fundament zu einem Doppelturm gelegt, mächtige Strebepfeiler brachten den turmlosen Bau äußerlich zum Abschluß,

Agnes Slott-Møller: Eingangsportal zum Schleswiger Dom, vor 1937

während das Innere im bunten Farbenspiel hoher Fenster allein 45 Altäre und reiche Ausstattung erhielt.

Christian Jensen: Schleswig und Umgebung. Ein Führer nebst Plan der Stadt und des Gehölzes. Schleswig 1909. Verlag Johannes Ibbeken. Seite 20.

Christian Jensen hebt in seiner Beschreibung der Stadt Schleswig vor allem die Bedeutung des St. Petri Doms hervor und beschreibt das Erscheinungsbild der Kirche nach den Umbauten im späten 19. Jahrhundert.

Der St. Petri Dom zu Schleswig ist das wichtigste Gotteshaus im Landesteil Schleswig und gilt zu Recht als einer der bedeutendsten Kirchenbauten in Schleswig-Holstein. Die Kirche ist als langgestreckter gotischer Backsteinhallenbau zwischen dem 13. und dem 15. Jahrhundert ausgeführt worden, durchgehend gewölbt, mit breitem Mittelschiff und schmalen Seitenschiffen.

Nach der Gründung des Bistums Schleswig wurde 947 ein erster Dom an unbekanntem Standort gebaut. Der erste Kirchenbau an der heutigen Stelle war eine dreischiffige romanische, flach gedeckte Basilika, deren Querhaus noch heute erhalten ist. Von 1275 bis 1300 wurde der hochgotische Hallenchor und der „Schwahl" gebaut. Bis 1408 wurde die Vorgängerkirche zur spätgotischen Hallenkirche umgebaut und im 16. Jahrhundert vollendet. In der Folge der Reformation wurde aus dem Dom die evangelische Hauptpfarrkirche der Stadt Schleswig. Erst von 1888, dem Dreikaiserjahr, bis 1894 wurde auf Wunsch des Kaisers Wilhelm II. der neugotische Westturm hinzugefügt.

Warum sich ein Besuch des St. Petri Doms zu Schleswig lohnt!

Der Schleswiger St.-Petri-Dom zählt zu den bedeutendsten Baudenkmälern von Schleswig-Holstein. Das Petri-Portal aus der Zeit um 1180 stellt den Eingang dar in das erhabene Kirchengebäude. Der spätgotisch gestaltete Innenraum zeigt immer noch Spuren des romanischen Vorgängerbaus. Sowohl das Mittelschiff als auch die Seitenschiffe und der Chor sind mit Kreuzrippengewölben bedeckt. Der dreischiffige Hohe

Chor aus dem späten 13. Jahrhundert ist mit Fresken ausgeschmückt, die unter anderem die Verkündigung und die Marienkrönung sowie die Heiligen St. Katharina, St. Philippus und St. Petrus zeigen.

Die ehemalige Sakristei wurde nach der Reformation zur Fürstengruft umgebaut, in der die Gottorfer Herzöge bestattet wurden, zum Beispiel der bedeutende Herzog Friedrich III.. Der so genannte Schwahl ist ein dreiflügeliger Kreuzgang an der Nordseite der Kirche aus den Jahren 1310 bis 1320.

Der erst viel später angebaute Hauptturm von St. Petri, ein neugotischer Backsteinturm, ist mit seinen einhundertzwölf Metern nach St. Marien und dem Dom zu Lübeck der dritthöchste Kirchturm in Schleswig-Holstein.

Im Kircheninneren sind sehr sehenswerte Ausstattungsstücke zu bewundern. Als beherrschende Attraktion dieser Kirche ist natürlich der Brüggemann-Altar zu nennen, der von dem Bildhauer Hans Brüggemann zwischen 1514 und 1521 ursprünglich für die Klosterkirche in Bordesholm angefertigt wurde, aber 1666 von Herzog Christian Albrecht von Schleswig-Holstein-Gottorf nach Schleswig überführt wurde, nachdem die Bordesholmer Fürstenschule zugunsten der neu gegründeten Kieler Universität aufgelöst worden war. Das Schnitzwerk, das an der Schwelle von der Spätgotik zur Renaissance steht, stellt in seinen dreihundertzweiundneunzig Schnitzfiguren die Leidensgeschichte Jesu Christi von der Gefangennahme Jesu bis Pfingsten dar. Das Mittelfeld gibt in größerem Format die Kreuztragung und die Kreuzigung wieder. Auf den Seitenflügeln sind Himmelfahrt und Pfingsten dargestellt. Neben dem oberen Teil des Mittelblocks stehen die Figuren von Adam und Eva.

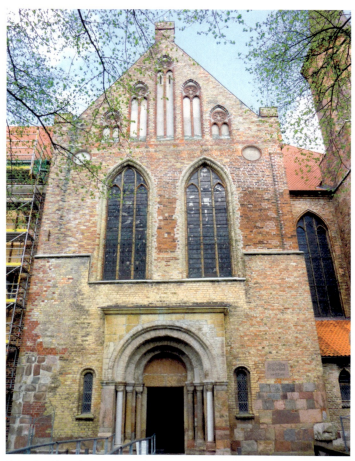

Petri-Portal am Schleswiger Dom

Ebenfalls von Brüggemann wurde um 1515 die beeindruckende, viereinhalb Meter hohe Eichenholzstandfigur des Christophorus geschnitzt, die an der Ostwand des südlichen Seitenschiffs steht. Die riesige Statue gilt als ein Hauptwerk der Spätgotik in Schleswig-Holstein.

Das nördliche Chorschiff beherbergt das Kenotaph des dänischen Königs Friedrich I., der auch Herzog von Schleswig-Holstein war. Das prächtige Grabmal im Renaissancestil aus dem Jahr 1552 wird von Kunsthistorikern als Glanzleistung der Renaissancekunst in Nordeuropa bezeichnet.

Für den St. Petri-Dom malte Jürgen Ovens, der wichtigste Künstler aus der Blütezeit Gottorfs im 17. Jahrhundert, 1669 das Gemälde „Blaue Madonna", das in einem barocken Rahmen des berühmten Holzschnitzers Hans Gudewerdt des Jüngeren an einem Pfeiler im nördlichen Seitenschiff hängt.

Unbedingt anschauen sollte man sich auch den Dreikönigsschrein (um 1280/ 1300), das bronzene Taufbecken (1480), die Triumphkreuzgruppe (um 1500), die Skulptur Christus in der Rast (um 1500), das Altarkreuz (um 1500) sowie das große Chorgestühl (1512).

> **Mein Tipp für einen Abstecher:** In der Nachbarschaft des imposanten Doms bezaubert die idyllische alte Fischersiedlung Holm, die bereits um das Jahr 1000 auf einer kleinen Insel vor Schleswig entstand, mit ihren blumengeschmückten historischen Fischer- und Kapitänshäusern.

> **Mein gastronomischer Tipp:** Zur Schleimöwe, Süderholmstraße 8, 24837 Schleswig; www.schleimoewe.de: Das urige Fischrestaurant mit maritimer Ausstattung und einer großen Auswahl verschiedenster Fischgerichte liegt in der idyllischen Fischersiedlung Holm.

Adresse: St. Petri-Dom, Norderdomstraße 4, 24837 Schleswig

www.mein-schleswiger-dom.de

www.mein-schleswiger-dom.de/bordesholmer-altar

www.wikingerstadt-schleswig.de

www.ostseefjordschlei.de/regionen/wikingerstadt-schleswig

www.meerart.de/die-fischersiedlung-holm-der-schlei

Gottorf

Gottorf, auf einer Insel in der abgetrennten und seichten Spitze der Schleibucht gelegen, ist das größte Fürstenschloß des Landes und war auch zwei Jahrhunderte seine stärkste Festung, doch erinnert sein Äußeres nur noch schwach an die Glanzzeit als Fürstenresidenz. Seine Einrichtung und Kunstschätze sind fast alle entführt worden. Der vierflügelige Bau mit Innenhof hat drei burgartige Flügel aus dem 16. Jahrhundert und einen den ganzen Bau beherrschenden schloßartigen Südflügel vom Ende des 17. Jh. Der figurale und ornamentale Schmuck der Renaissancezeit ist im 19. Jh. fast ganz wegrestauriert worden, die Festungswerke sind geschleift, der Prachtgarten ‚Neuwerk' ist verschwunden. ...

Der Südflügel von 1698-1703 ist ein mächtiger, aber sehr nüchterner Repräsentationsbau italienischer Manier, mit 27 Fensterachsen auf 115 m Länge. Die drei Stockwerke sind im Mittelteil turmartig auf 5 erhöht. Pompöses Portal. – Der kurze Ostflügel hat in der Mitte einen Treppenturm mit Wappenportal, in der Wand des Westflügels finden sich etwa 40 Reliefs eines alten Schmuckfrieses verstreut eingelassen sowie ein fein gegliederter Treppenturm in der Ecke. – Der 1575-1590 erbaute Nordflügel hat 8 bzw. 6 heute schmucklose Giebel und einen schweren Eckturm; seine Hofseite schmücken zwei Wappen-Portale und dazwischen ein Delphinbrunnen. In seinem Innern haben sich noch die Schloßkapelle und zwei gewölbte Festträume erhalten: der Hirschsaal, nach einer glücklichen Jagd der Herzogin angelegt, hat eine gute Gewölbemalerei, Ornamente mit Bildern aus der römischen Geschichte, und sehr naturalistisch erneuerte Hirschgruppen an den Wänden, der Blaue Saal hat eine Stuckdecke mit Fruchtstücken und Stadtsilhouetten bemalt.

Die Schloßkapelle, die in zwei Stockwerken quer durch den Nordflügel reicht, ist ein ungemein prächtig wirkender, ganz einheitlicher Renaissanceraum (1590-1614). Ringsum läuft eine von jonischen Säulen getragene Galerie mit farbiger Bemalung und einer Folge biblischer Bilder von Marten van Achten. Die Altarseite nimmt der Herzogliche Betstuhl ein, 1613 für Herzogin Augusta eingebaut und eine der größten Prunkdekorationen der Renaissance in Norddeutschland.

Karl Baedeker: Reisehandbuch Schleswig-Holstein und Hamburg. Hamburg 1949, Seite 31-32.

Mit großem Detailreichtum wird im Baedeker-Reiseführer von 1949 das Gottorfer Schloss beschrieben.

Schloss Gottorf erfuhr in seiner achthundertjährigen Geschichte den Wandel von einer mittelalterlichen Burg über eine Renaissancefestung zum Barockschloss. Der herzoglichen Dynastie Schleswig-Holstein-Gottorf verlieh es seinen

Namen. Das größte Schloss des Landes Schleswig-Holstein diente dänischen Königen und schleswig-holsteinischen Herzögen als Residenz. In der Gegenwart beherbergt es die schleswig-holsteinischen Landesmuseen.

Ab 1268 im Besitz der Schauenburger Grafen, deren letzter Vertreter Adolf VIII. kinderlos verstarb und seinen Besitz dem dänischen König Christian I. vererbte, gelangte Schloss Gottorf 1459 in den Besitz des dänischen Königshauses. 1544 wurde das Herzogtum Schleswig-Holstein-Gottorf gegründet, und Herzogs Adolf I. machte das Schloss zu seiner Hauptresidenz.

Der umtriebige Herzog Friedrich III. machte Gottorf zu einem Zentrum der Wissenschaft und Kultur und damit zu einem der bedeutendsten Fürstenhöfe seiner Zeit. In seinem Auftrag schuf der Hofmathematiker Adam Olearius den Gottorfer Riesenglobus, die Kunstkammer und die Bibliothek. Der Hofmaler Jürgen Ovens wurde mit raumfüllenden Gemäldereihen beauftragt. Den Wünschen Herzog Friedrichs IV. entsprechend, wurde das Schloss von 1697 bis 1703 nach Entwürfen des schwedischen Baumeisters Nicodemus Tessin des Jüngeren im barocken Stil umgestaltet und vergrößert. 1720 gingen die gottorfischen Anteile am Herzogtum Schleswig in dänischen Besitz über. Über die verbleibenden gottorfischen Anteile im Herzogtum Holstein regierte der Gottorfer Herzog Karl Friedrich von nun an vom Kieler Schloss aus. In der Zeit nach dem Krieg von 1848 bis 1945 blieb Schloss Gottorf eine Kaserne, deren Nutzung viele prunkvolle Innenausstattungen zum Opfer fielen. Ab 1948 wurde die gesamte Anlage den schleswig-holsteinischen Landesmuseen zur Verfügung gestellt.

Warum sich ein Besuch in Schloss Gottorf lohnt!

Das Schloss Gottorf gilt unbestritten als bedeutendster Profanbau Schleswig-Holsteins. Das Gebäude, das auf eine wechselvolle und spannende Geschichte zurückblickt, beherbergt in der Gegenwart die bedeutendsten Museen Schleswig-Holsteins und bietet den Ort für wechselnde Ausstellungen sowie für eine Vielzahl kultureller Veranstaltungen. Ein Museumsrundgang führt durch Innenräume, die noch in ihrer ursprünglichen Einrichtung erhalten sind, zum Beispiel der Weiße und der Blaue Saal mit den schönen Stuckaturen, der berühmte prächtig ausgestaltete Hirschsaal von 1591, der bemerkenswerte gotische Saal und die prunkvolle Schlosskapelle im Renaissancestil. Die Sammlungen des Schlosses umfassen sehenswerte Kunst vom Mittelalter bis in die Gegenwart.

Die Abteilung des Archäologischen Landesmuseums zeigt Fundstücke aus der Geschichte Nordeuropas von der Steinzeit bis zum Mittelalter. Die ältesten Exponate sind Feuersteinwerkzeuge, Waffen und Keramik von den Jägern und Sammlern der Altsteinzeit bis zu den Bauern der Jungsteinzeit. Besonders reizvolle Objekte sind die Schmuck- und Gebrauchsgegenstände aus Gold oder Bronze. Anziehungspunkt für zahlreiche Besucher sind die berühmten mumifizierten Moorleichen aus der Eisenzeit. Neben dem Schloss wird in der Nydamhalle, dem ehemaligen Exerzierhaus, das dreiundzwanzig Meter lange, im Nydammoor bei Sønderborg gefundene Nydam-Boot aus der Zeit um 320 nach Christus präsentiert.

Georg Braun/Frans Hogenberg: Schloss Gottorf, um 1600

Vom Schloss führt eine dreihundert Meter lange, auf einem Damm am Burgsee gelegene Allee zum Neuwerkgarten, dem ersten barocken Terrassengarten nördlich der Alpen, der ab 1637 im Auftrag von Herzog Friedrich III. angelegt wurde, dem einzigen in Originalgestalt frei zugänglichen Barockgarten Schleswig-Holsteins. In der Sichtachse des Gartens liegen der Herkulesteich mit der eindrucksvollen Herkulesstatue von Cornelis van Mander, das Globushaus mit dem einmaligen Riesenglobus des Adam Olearius und die Terrassen mit ihren Kaskaden. Seinen Hofgelehrten Adam Olearius beauftragte Friedrich III. von Schleswig-Holstein-Gottorf 1651 mit der Konstruktion eines riesigen Globus. Der Gelehrte schuf eine begehbare Erdkugel aus Schmiedeeisen, Holz und Messing, die im Durchmesser drei Meter maß, damals das größte Modell der Erde, ein Weltwunder. Auf seiner Außenseite waren die Kontinente und Ozeane aufgezeichnet; innen war der Sternenhimmel mit allen Sternbildern aufgemalt. Diese Innenseite bot eine Sensation, die erste dreidimensionale Darstellung des Sternenhimmels und somit das erste Planetarium der Welt. Wasserkraft ließ den Globus sich rotierend bewegen. Der rekonstruierte Globus ist nur eine der zahllosen Sehenswürdigkeiten im Landesmuseum Schloss Gottorf und auf dem Schlossgelände. All diese Attraktionen zeugen von der herausragenden kulturellen Blüte der Gottorfer Residenz zu der Zeit Herzog Friedrichs III. von Schleswig-Holstein-Gottorf.

> *Mein Tipp zur Erholung nach dem Museumsbesuch:* Der sich im Nordwesten unmittelbar an den Neuwerkgarten anschließende Tiergarten ist ein schattiges Laubwaldgebiet, das ursprünglich das Wildgehege und Jagdrevier der Gottorfer Herzöge war. Mehrere Wanderwege erschließen den Wald. Ein etwa fünfeinhalb Kilometer langer Rundwanderweg führt den Wanderer vom Schloss Gottorf in den Tiergarten und wieder zurück. Grundlage des Waldgebietes ist eine Moränenlandschaft, in der kleine Bäche, ein Wasserfall und Täler wie das Wickeltal für ein äußerst abwechslungsreiches Erscheinungsbild sorgen. Im Wickeltal findet der Wanderer auch das Grab des berüchtigten dänischen Königs Abel, der 1250 seinen Bruder Erik ermordet hatte, selbst aber auch einem schrecklichen Schicksal nicht entging. Ein unscheinbarer Granitstein mit Inschrift erinnert an ihn.

Schloss Gottorf

> **Mein gastronomischer Tipp:** Café Pavillon am Gottorfer Schloss, Schlossinsel 1, 24837 Schleswig: Der schön am Seeufer gelegene, rundum verglaste Pavillon bietet leckeren Kuchen und warme Snacks für die Erquickung nach dem Museumsbesuch, ist allerdings im Winter unbeheizt.

Adresse: Schleswig-Holsteinisches Landesmuseum Schloss Gottorf, Schlossinsel 1, 24837 Schleswig; Globushaus im Barockgarten, Schloss Gottorf, Königsallee 9, 24837 Schleswig.

www.schloss-gottorf.de

www.gottorfer-globus.de/das-globushaus

www.museum-fuer-kunst-und-kulturgeschichte.de

www.landesmuseen.sh/de/museumsinsel-schloss-gottorf-schleswig

www.ich-geh-wandern.de/rund-um-schloss-gottorf-mit-tiergarten-und-barockgarten

Danewerk

Wer das Dannewerk in seiner Ausdehnung und Anlage genauer kennen lernen will, gebraucht dazu mindestens 2 Tage. Die nachfolgenden Blätter belehren den Touristen über die zweckmässigste Besichtigung der alten Anlagen während dieser Tage. Für diejenigen Besucher, denen diese Zeit nicht zur Verfügung steht, ist eine kürzere Route zusammengestellt, die allerdings nur guten Fußgängern empfohlen werden kann. Selbstverständlich sind beliebige Kürzungen dieser Routen jedem Touristen überlassen, falls beabsichtigt wird nur einen Theil der ganzen Vertheidigungslinie in Augenschein zu nehmen. In diesem Fall werden die Oldenburg oder die Waldemarsmauer bei Rothenkrug mit der Thyraburg als besonders sehenswerth empfohlen. ...

Rothenkrug war zur Zeit der holstein-gottorper Herzöge ein Jagdschloss, dessen Rudera sich noch im Garten der Wirthschaft finden. Die Waldemarsmauer liegt in unmittelbarer Nähe des Gartens als massives, aber stark abgetragenes Mauerwerk zu Tage. ... Die Waldemarsmauer war einst dem alten Erdwall auf dessen Südseite vorgemauert, worauf besonders zu achten ist. Sie stand auf einem breiten Fundament von Feldsteinen und war mit abgeschrägten Ziegeln gedeckt, welche als ein vorspringendes Dach zur Abhaltung des Regenwassers dienten. Im Mauerverbande wechselten behufs grösserer Festigkeit sie sog. Läufer mit Bindern. Die Mauer war nicht immer gleichmässig solide, sondern stellenweise nur an der vorderen und hinteren Seite regelmässig aufgemauert, der Zwischenraum mit Schlacken und Feldsteinen ausgefüllt. ... Hat man in Rothenkrug sich hinreichend gestärkt und umgesehen, dann gilt beim Antritt des Heimweges der nächste Besuch der Thyraburg, von der sich nach Westen hin der Burgwall bis zum Oster-Kalegat hinzieht. Beide Anlagen liegen links von dem nach dem Dorfe Gr. Dannewerk führenden Wege, der an der Dorfschule vorbeigeht. Die Burganlage lässt noch heute den erhöhten Burgplatz mit Einfassungsgraben erkennen und findet sich in einer Koppel, auf die der nächste Querweg (anfangs fahrbarer Feldweg, dann Fusssteig) nach links zuläuft. In der südlich des Walles befindlichen Bodenerhebung vermuthet man die Ueberreste der Aussenwälle und Gräben der Burg.

Heinrich Philippsen und Carl Sünksen: Führer durch das Dannewerk.
Hamburg 1903. Verlag Grefe & Tiedemann.
Seite 11-12, 24-27.

In ihrem „Führer durch das Dannewerk" schlagen Heinrich Philippsen und Carl Sünksen verschiedene Routen entlang des mittelalterlichen Verteidigungswalls vor. Die zum Ausgangspunkt genannte Gastwirtschaft „Rothenkrug" ist dem Neubau des Danevirke Museums gewichen.

Das Danewerk, dänisch Danevirke, wurde im frühen Mittelalter als Verteidigungswall an der südlichen Grenze Dänemarks errichtet. Der Wall verband die Handelsstadt Haithabu an der Schlei mit Hollingstedt und der Treene. Damit sollte er zugleich den bedeutenden Handelsweg zwischen Nord- und Ostsee sichern. Um 700 erfolgte vermutlich ein erster

Lorenz Frølich: Thyra Danebod

großer Ausbau, ein weiterer im Jahr 737. Angesichts der Feldzüge Karls des Großen im Norden im späten achten Jahrhundert ließ der dänische König Godfred an der Grenze das Danewerk weiter befestigen. Auch in der Wikingerzeit wurde das Danewerk im 10. Jahrhundert verstärkt und mit dem Ringwall um Haithabu verbunden. Der dänische König Waldemar I. der Große gab 1163 den Bau einer starken Mauer in Auftrag. Der Abschnitt dieser so genannten Waldemarsmauer ist ein dreieinhalb Kilometer langer Erdwall mit vorgesetzter Ziegelsteinmauer.

Warum sich ein Besuch des Danewerks lohnt!

Einst eine hart umkämpfte Grenze zwischen Dänemark und dem südlich liegenden Teil des Landes bedeutet das Danewerk heutzutage eher das Gegenteil. Heute stellen das Danewerk und seine Umgebung sowohl ein Naturschutzgebiet als auch ein Denkmal dar sowie für viele Besucher ein beliebtes Ausflugsziel. In der schönen Naturlandschaft entlang des Walls kann man bestens radfahren oder wandern. Auf einer Rundtour kann man die eindrucksvollsten Überreste des Danewerks studieren. Startpunkt sind das Danewerk-Museum und die Waldemarsmauer. Weiter geht es hinauf auf den breiten Erdwall. Hier bietet sich eine herrliche Aussicht auf die weite Felder- und Wiesenlandschaft. An dem alten Burghügel der Thyraburg vorbei wird schließlich Busdorf erreicht und der uralte Ringwall der berühmten Wikingersiedlung Haithabu.

Wer mehr über die spannende Historie wissen möchte, dem sei das Danevirke Museum empfohlen, das zweisprachig dänisch/deutsch die Geschichte des Danewerks darstellt und in einer zweiten Abteilung den Deutsch/Österreichisch-Dänischen Krieg von 1864 am Schauplatz Danewerk thematisiert. Das Museum betreut ebenfalls den Archäologischen Park Danewerk. Zurzeit wird am vielversprechenden Projekt eines Neubaus gearbeitet.

Am Danewerk vorbei führt der Ochsenweg, auch als Heerweg bezeichnet, seit der Bronzezeit der wichtigste Verkehrsweg auf der Kimbrischen Halbinsel in Nord-Süd-Richtung, der sich an der Wasserscheide auf dem trockenen Boden der Geest oder des Geestrandes orientierte. Beginnend im dänischen Viborg, endete er in Wedel, dem bedeutendsten Ochsenmarkt der damaligen Zeit. Der Weg erfüllte aber auch die Funktion als Heerstraße und als Pilgerweg, denn an der Wasserscheide gab es mehrere Quellgebiete, die christlichen Pilgern als heilig und deshalb als Wallfahrtsorte galten.

Der Ochsenweg dient auch heutzutage noch in vielen Teilen als hervorragender Wanderweg. Die heutige Route verläuft zwar nur noch teilweise auf der historischen Originalstrecke, gewährt dem Wanderer aber trotzdem einen einmaligen Eindruck von der bewegten Geschichte Norddeutschlands und führt durch das eindrucksvolle Nebeneinander von Geest und Marschland ebenfalls in die Naturlandschaften des Landes ein.

Mein Tipp, ein Muss: Vor allem auch mit dem Rad kann man abseits der großen Verkehrswege die Stille der Natur und die Schönheiten der schleswig-holsteinischen Landschaften erleben. Bei der Tour auf dem historischen Landweg führt die Route durch Moorgebiete und Wälder, durch Wiesen- und Heidelandschaften, streift Seen und Flüsse. Man lernt Städte und Dörfer kennen, die am Wegesrand liegen.

Mein gastronomischer Tipp: Hotel Waldschlösschen, Kolonnenweg 152, 24837 Schleswig; www.hotel-waldschloesschen.de: Das Romantik-Hotel befindet sich in sehr ruhiger Lage am Waldrand und bietet zwei Restaurants, das Olearius und die Fasanerie mit hervorragender Gastronomie in sehr angenehmer Atmosphäre.

Adresse: Danevirke Museum, Hauptstraße, 24867 Dannewerk; Ochsenweg, 24848 Kropp

www.danevirkemuseum.de/danewerk

Waldemarsmauer am Danewerk

www.sh-tourismus.de/ochsenweg

www.kultur-schleswig-flensburg.de/kulturorte/danewerk

www.haithabu-danewerk.de

Haithabu

Schleswig ist eine sehr große Stadt am äußersten Ende des Weltmeeres. In ihrem Innern gibt es Quellen süßen Wassers. Ihre Bewohner sind Siriusanbeter, außer einer kleinen Anzahl, welche Christen sind, die dort ihre Kirche besitzen. ...

Sie feiern ein Fest, an dem sie alle zusammenkommen, um den Gott zu ehren, und um zu essen und zu trinken. Wer ein Opfertier schlachtet, errichtet an der Tür seines Gehöftes Pfähle und tut das Opfertier darauf, sei es ein Rind oder ein Widder oder ein Ziegenbock oder ein Schwein, damit die Leute wissen, dass er es seinem Gotte zu Ehren opfert. Die Stadt ist arm an Gütern und Segen. Die Hauptnahrung ihrer Bewohner besteht aus Fischen, denn die sind dort zahlreich.

Werden einem von ihnen Kinder geboren, so wirft er sie ins Meer, um sich die Ausgaben zu sparen. ... Das Weib scheidet sich selbst, wann sie will. Auch gibt es dort eine künstlich hergestellte Augenschminke; wenn sie sie anwenden, nimmt die Schönheit niemals ab, sondern noch zu bei Männern und Frauen. ... Nie hörte ich grässlicheren Gesang als den Gesang bei den Schleswigern, und das ist ein Gebrumm, das aus ihren Kehlen herauskommt, gleich dem Gebell der Hunde, nur noch viel viehischer als dies.

At-Tartûschi: Besuch in Haithabu/Schleswig im Jahr 965. Aus: Georg Jacob (Hg.): Arabische Berichte von Gesandten an germanische Fürstenhöfe aus dem 9. und 10. Jahrhundert. Quellen zur deutschen Volkskunde 1, 1927. Seite 29.

Nachbildung eines Runensteines, des Eriksteins, zwischen Busdorf und Selk mit der Inschrift: *Thorolf, der Gefolgsmann Svens, errichtete diesen Stein nach (zum Gedenken an) seinem Genossen Erik, der den Tod fand, als die Krieger Haithabu belagerten, und er war Steuermann, ein wohl geborener Krieger.*

Der arabische Kaufmann und Diplomat At-Tartûschi aus Tortosa in Spanien berichtet über seinen Besuch in Haithabu/Schleswig im Jahr 965 und zeichnet ein nicht unbedingt positives Bild vom Leben in dieser Stadt.

Die um 770 gegründete Wikingersiedlung Haithabu am westlichen Ende der Schlei, dem Haddebyer Noor, erlangte aufgrund ihrer äußerst verkehrsgünstigen und zentralen Lage an der Kreuzung wichtiger Fernhandelswege, zwischen Nord und Süd und zwischen West und Ost, Nord- und Ostsee, eine enorme Bedeutung als Handelsstadt. Im Hafen sah man Schiffe aus dem Mittelmeerraum, aus Nordafrika, Russland und dem Baltikum. Waren aus aller Welt wurden in Haithabu umgeschlagen. Ihre Blütezeit erlebte die für damalige Verhältnisse riesige „Weltstadt" Haithabu im 10. Jahrhundert, bevor sie im Jahr 1066 von den Westslawen völlig zerstört und die Siedlung nach „Sliaswig" (Schleswig) am Nordufer der Schlei verlegt wurde. Um 1900 begannen die Ausgrabungen und archäologischen Arbeiten, die dadurch begünstigt wurden, dass die Siedlung niemals überbaut worden war. Dabei wurden viele bedeutende Funde freigelegt, die Zeugnis ablegen von der einstigen Blüte dieses südlichsten Siedlungsplatzes der Wikinger.

Warum sich ein Besuch Haithabus lohnt!

Das historische Haithabu existiert nicht mehr. Aber an der Stelle der ehemaligen Wikingersiedlung ist neben den sorgfältig rekonstruierten Gebäuden Haithabus ein überaus spannendes Wikinger-Museum zur Geschichte und Kultur des Ortes entstanden. Auf dem Gelände innerhalb des

Rekonstruierte Gebäude der Wikingersiedlung Haithabu

ehemaligen Halbkreiswalles wurden zwischen 2005 und 2008 sieben nach den originalen Fundstücken rekonstruierte Wikingerhäuser sowie eine Landebrücke gebaut. 2018 wurde das in der Tat einmalige Haithabu in die UNESCO-Weltkulturerbeliste aufgenommen. Das Wikinger-Museum Haithabu gilt als eines der bedeutendsten archäologischen Museen Deutschlands. In dem architektonisch interessanten modernen Ausstellungshaus werden aufsehenerregende archäologische Funde im historischen Kontext der Zeit vor eintausend Jahren gezeigt. Originale und Rekonstruktionen, darunter Runensteine, Schmuck, Münzen und sogar ein Wikingerschiff, sowie Informationsmedien erlauben die Begegnung der Besucher mit der frühmittelalterlichen Alltagswelt der Menschen in Haithabu und eine Erforschung der Wikingergeschichte.

Das Museum bietet darüber hinaus ein vielfältiges Veranstaltungsprogramm. In dem rekonstruierten Wikingerdorf wird der Besucher in die Welt der Wikinger eintauchen. Das Dorf illustriert mit wahrhaftigen Wikingern zwischen April und Oktober äußerst anschaulich die Lebensverhältnisse der damaligen Zeit. Der Schwerpunkt liegt auf der Nutzung der Häuser. Das alte Handwerk von Geweihschnitzern und Holzhandwerkern bis zum Weber und dem Fischer wird präsentiert, den neuzeitlichen Wikingern kann man dabei schauen, wie sie wie vor tausend Jahren alltägliche Arbeiten verrichten, beispielsweise Taue aus Lindenbast anfertigen, Lehmwände neu verputzen, Bohlenwege ausbessern oder Möbel für die Häuser bauen. Archäologen lassen sich bei ihren Ausgrabungen beobachten, quicklebendige Wikingermärkte finden regelmäßig statt.

> *Mein Tipp nach dem Museumsbesuch:* Mehrere Wanderwege um das malerische Haddebyer Noor und das Selker Noor ermöglichen eine ausgiebige Erkundung der reizvollen Umgebung Haithabus. Das bedeutende dänische Verteidigungswerk des Mittelalters, das Danewerk, liegt praktisch nebenan.

> *Mein gastronomischer Tipp:* Odins, Haddebyer Chaussee 13, 24866 Busdorf; www.odins-haddeby.de: In dem historischen Gebäude, in direkter Nachbarschaft zum Wikinger-Museum Haithabu, befinden sich ein Hofladen und das Restaurant mit schönem Ambiente und kreativer regionaler Küche.

Adresse: Wikinger-Museum Haithabu, Haddebyer Chaussee B76, 24866 Busdorf

www.haithabu.de

www.landesmuseen.sh/de/wikinger-museum-haithabu

www.ostseefjordschlei.de/regionen/wikingerstadt-schleswig/wikinger-museum-haithabu

www.ostseefjordschlei.de/tour/rund-ums-haddebyer-und-selker-noor

Eckernförde

Eckernförde, Stadt mit 7090 Einw., an der sw. Ecke der gleichnamigen Bucht hübsch gelegen, hat einen guten Hafen, bedeutende Fischerei (Heringe), Baugewerkschule und Schullehrerseminar. Vor der Bürgerschule Bronzestandbild Kaiser Wilhelms I. (1899). In der Nikolaikirche wertvolle Schnitzereien und Altarblatt von dem Eckernförder Meister Hans Gudewert (1640). Geschichtlich berühmt ist Eckernförde durch das Seegefecht am 5. April 1849 zwischen der dänischen Flotte mit 160 Geschützen unter Kapitän Paludan und den zwei kleinen schleswig-holsteinischen Strandbatterien mit 10 Geschützen, von Hauptmann Jungmann befehligt, wobei das dänische Linienschiff „Christian VIII.", nachdem es sich ergeben hatte, in die Luft gesprengt (ein Anker des Linienschiffes an der Nordseite der Kirche eingemauert) und die Fregatte „Gefion" zur Ergebung gezwungen wurde, während die Dampfer „Hekla" und „Geyser" die offene See gesucht hatten. ...

Als Seebad wird Eckernförde von Fremden nicht stark besucht, es ist mehr Lokalbad, doch hat es ein gutes

Badehotel (Seegarten). Der Strand ist gut, feinsandig, wenig Seetang. Der Wellenschlag ist ganz gering, nur bei Ostwinden bemerkbar. Das Wasser der Eckernförder Bucht zeichnet sich durch höhern Salzgehalt (1,95 Proz.) und durch Reinheit aus, da kein Fluß oder Kanal das Meerbusen Süßwasser zuführt. Mehr besucht als Bad ist Borby.

Meyers Reisebücher: Ostseebäder und Städte der Ostseeküste. Leipzig und Wien 1910. Bibliographisches Institut. Seite 295.

Aus zeittypisch patriotischer Perspektive wird in Meyers Reisebuch von 1910 vor allem die Geschichte des Eckernförder Hafens zur Zeit des Dänisch-Schleswig-Holsteinischen Krieges von 1848-1851 und das Seegefecht von 1849 geschildert. Allerdings wird auch bereits der sehr schöne Strand gelobt, wenngleich der Ort eher als Lokalbad eingeordnet wird.

Das über siebenhundert Jahre alte Städtchen mit seinem natürlichen Hafen an der Eckernförder Bucht wird im Osten von der Ostsee, im Westen vom Gewässer des Windebyer Noors begrenzt. Hochwasser überschwemmt immer einmal wieder die Altstadt, zum Beispiel beim großen Sturmhochwasser am 13. November 1872 oder auch im Oktober 2023.

1302 wurde Eckernförde nachweislich erstmals als Stadt erwähnt. Im 18. Jahrhundert erfuhr die Stadt eine wirtschaftliche Blüte als Fischereihafen mit vielen Räuchereibetrieben für die „Echten Kieler Sprotten" und als Standort der berühmten Fayencemanufaktur. 1831 begann mit der Eröffnung des Seebades die touristische Entwicklung Eckernfördes. Am 5. April 1849 wurde Eckernförde im Rahmen des Schleswig-Holsteinischen Krieges von dänischen

Eckernförde-Panorama, 1915

Kriegsschiffen angegriffen. Im legendären Gefecht von Eckernförde wurden das dänische Linienschiff „Christian VIII." und die Fregatte „Gefion" beschossen und besiegt.

Warum sich ein Besuch Eckernfördes lohnt!

Maritime Atmosphäre gepaart mit echter Idylle, das macht das Hafenstädtchen aus. Eckernförde besitzt eine überaus beschauliche Altstadt mit schmalen Gassen und manchen restaurierten alten Fischerhäusern. Erlebenswert ist der Rathausmarkt mit dem alten Rathaus aus dem 15. Jahrhundert, heute Museum Eckernförde mit der stadtgeschichtlichen Ausstellung von Möbeln, Gemälden, Fayencen und weiteren kunst- und kulturhistorischen Gegenständen. Daneben steht die ehrwürdige Backsteinhallenkirche St.-Nikolai mit dem hochbarocken Schnitzaltar des gerühmten Eckernförder Bildschnitzers Hans Gudewerth des Jüngeren. Die so genannte Ritterburg ist in Wirklichkeit ein Wohn- und Geschäftshaus mit Renaissancegiebel aus dem 15. Jahrhundert. Die schöne Kirche im Stadtteil Borby wurde wohl zwischen 1150 und 1180 erbaut und ist das älteste Gebäude hier.

Die Stadt Eckernförde ist gleichzeitig Badeort, Fischerei- und Sportboothafen sowie Marinestützpunkt. Am Hafen bietet das Ostsee-Info-Center dem Touristen vielfältige Informationen über Meerestiere der Ostsee. Attraktive Angebote sind die Ausflugsfahrten auf die See wie auch frischer Fisch vom Kutter. An den Hafen schließt der vier Kilometer lange Sandstrand aus feinem Quarzsand an. Strandurlaube, ausgedehnte Spaziergänge auf der Promenade oder Radtouren in die landschaftlich reizvolle Umgebung tragen zur Erholung der Gäste bei. Sowohl das südliche als auch das nördliche Ufer der Eckernförder Bucht sind reich an sehenswerten kleinen Orten. Nahe im Süden der Eckernförder Bucht liegen die Herrenhäuser Altenhof und Noer. In einem schön gelegenen Buchenwald, dem Kletterwald bei Altenhof, können sich passionierte Kletterer von Baum zu Baum schwingen oder bis in die Baumkronen klettern.

Auch am Windebyer Noor mit schöner Natur und uralten Bäumen ringsum liegt ein wahres Wanderparadies. Dieser Binnensee, entstanden als eiszeitliches Zungenbecken, war einst als Ende der Eckernförder Bucht mit der Ostsee verbunden. In dem bis dreizehn Meter tiefen Gewässer kann man Aale, Barsche, Maränen und Zander angeln. Aber auch die Restaurants der Umgebung locken mit fangfrischem Fisch. Auch zur Schlei ist es nicht weit. Dort ist zum Beispiel bei Rieseby in Norby die Windmühle Anna ein beliebtes Touristenziel, das über mehrere Etagen ein Heimatmuseum beherbergt.

Blick auf die Eckernförder Bucht

> *Mein Tipp für besondere Veranstaltungen:* Zu Pfingsten locken alljährlich die Eckernförder Sprottentage, die traditionelle Aalregatta im Juni und das Piratenspektakel im August viele Gäste in das Seebad.

> *Mein gastronomischer Tipp:* Hotel Alte Fischereischule, Sehestedter Str. 77, 24340 Eckernförde; www.hotel-alte-fischereischule.de: Das Hotel mit Restaurant liegt in traumhaft schöner Hanglage oberhalb von Eckernförde mit einem einmaligen Blick auf die Bucht und die Ostsee und bietet unter anderem einen schmackhaften Mittagstisch.

Adresse: Altes Rathaus, Rathausmarkt 8, 24340 Eckernförde

www.ostseebad-eckernfoerde.de

www.ostsee.de/eckernfoerde

www.ostsee-schleswig-holstein.de/eckernfoerde

www.gutaltenhof.de

www.ich-geh-wandern.de/windebyer-noor-rundwanderung

www.muehle-anna.de

Hüttener Berge

Von Eckernförde besuchte ich zuförderst die eine Meile weiter westlich beginnenden Hüttner Berge, eine Gruppe von ziemlich steilen, auf der Nordseite und auf den Gipfeln kahlen Hügeln mit einer überraschend weiten und schönen Aussicht. Im Gasthofe hatte sich ein Student zu mir gesellt, welcher mein Führer nach den Höhen über Ascheffel wurde. ...

Es ist bei guter Beleuchtung ein wirklich zauberhafter Anblick, wenn man von der Kuppe des Silberbergs nach Süden schaut, und das Auge sich bald an dem Farbenwechsel von Wald und Feld, Wiesen und Hecken drunten im Thalkessel weidet, bald an dem hellrothen Dache des Hüttener Herrenhauses, bald an dem kleinen buchenbeschatteten Bistensee haftet, bald in Mitten windbewegter Kornbreiten, Weizenkoppeln und stattlicher Dörfer über den breiten sonnebestrahlten Siegel des Wittensees hingleitet und endlich über die in Duft und Dunst verschwimmenden Gefilde jenseits des Kanals schweift. Wie eine Reliefkarte rollen sich

Fritz von Wille: Landschaft bei Brekendorf, 1929

im Süden und Nordosten mit ihren grünen Landvorsprüngen und blauen Föhrden der Dänische Wohld und die Landschaften Schwansen und Angeln auf, während sich im Westen, nur bisweilen von einem spitzen Kirchthurm unterbrochen, eine öde bräunlich violette Haidefläche hinzieht. Da der rothe Fleck gegen Morgen ist Eckernförde, dort gegen Mitternacht unter der lichtgrünen Hügelkette des Schleithals erhebt sich der Dom und die Altstadt Schleswigs, hier gegen Abend, wo der breite Wiesenstreif im Haideland die Eider andeutet, ragen die beiden Thürme Rendsburgs. Dort endlich ganz in der Ferne, wo die Sonne nur eben noch gestattet, die spitze Landzunge vom Meere zu unterscheiden, mögen die Dörfer sein, in denen ich Tags zuvor die Scharlachröcke der Propstei beim Tanz beobachtet hatte.

Moritz Busch: Schleswig-Holsteinische Briefe, Erster Band. Leipzig 1856. Verlag Gustav Mayer, Seite 76.

Moritz Busch schwärmt in seinen Schleswig-Holsteinischen Briefen von der Aussicht über die Naturlandschaft der Hüttener Berge und benennt all die fernen Gewässer, Landschaften und Städte, die er von den Bergkuppen aus erblicken kann.

Das Hügelland Hüttener Berge erreicht eine Höhe von knapp einhundert Metern. Diese Endmoränenlandschaft entstand während der letzten Eiszeit, der Weichsel-Kaltzeit, durch die Gletscherbewegungen und das Geröll, das das zurückziehende Eis hinterließ. Der 1971 begründete Naturpark Hüttener Berge ist etwa zweihundertneunzehn Quadratkilometer groß; dieser kleinste Naturpark Schleswig-Holsteins grenzt im Norden an den Naturpark Schlei und im Süden an den Naturpark Westensee. Die Hüttener Berge sind reich an Seen: Bistensee, Fresensee, Heidteich, Owschlager See und Wittensee. Aber auch Flüsse durchziehen die Landschaft: Alte Eider, Sorge und Schirnau. Die höchste Erhebung der Hüttener Berge ist der Scheelsberg bei Ascheffel mit einhundertfünf Metern. Auf dem knapp einhundert Meter hohen Aschberg steht das imponierende Bismarck-Standbild. Wanderer finden auch einen Findling auf dem besonders beliebten Heidberg mit seinen neunundneunzig Metern.

Warum sich ein Besuch der Hüttener Berge lohnt!

Zwar mit etwa zweiundzwanzigtausend Hektar der kleinste Naturpark in Schleswig-Holstein, aber durchaus einer der reizvollsten, das sind die Hüttener Berge. Große und kleine Seen, Wälder, Moore und die Erhebungen kennzeichnen die einzigartige Landschaft dieses Naturparks. Erholungssuchende finden hier mehr als ausreichend traumhafte Möglichkeiten zum Wandern, Radfahren, Reiten, Nordic Walken und vielem mehr. Der abwechslungsreiche Wanderweg

„Naturparkweg" verbindet fünf schleswig-holsteinische Naturparks miteinander.

Die Wanderung in den Hüttener Bergen könnte am Owschlager See beginnen, der auch eine Badestelle anbietet. Durch landwirtschaftliches Gelände mit den typischen Knicks und Reddern, Wegen zwischen den Knicks oder Hecken, und durch ein Waldgebiet gelangt man zum Bistensee. Nach Norden geht es weiter auf den Aschberg, auf dem seit 1930 die sieben Meter hohe Statue des ehemaligen Reichskanzlers Otto von Bismarck thront. Das Standbild nach dem Entwurf des Bildhauers Adolf Brütt stand von 1901 bis 1919 in einer Nische des Bismarckturmes auf dem Knivsberg bei Apenrade. Dem jetzt ermüdeten Wanderer bietet eine rustikale Lodge mit deckenhohen Panoramafenstern ganz oben auf dem Aschberg erholsame Rast. Der zur Lodge gehörende zwanzig Meter hohe Aussichtsturm wurde 2013 fertiggestellt und gewährt von der Aussichtsplattform eine fantastische Aussicht über die Hüttener Berge bis zur Eckernförder Bucht.

Dem nun erquickten Wanderer stehen um den Aschberg etliche Rundwanderwege offen, unter anderem ein Waldlehrpfad mit Schaubildern und Mitmachstationen. Rund um Brekendorf erheben sich weitere Hügel zwischen achtzig und neunzig Metern Höhe, die erklommen werden wollen, wie der Brekenberg, der Immenberg und der Arnsberg. Die eiszeitlich entstandenen Seen im Süden der Hüttener Berge, der Wittensee und der kleinere Bistensee, eingebettet in die Endmoränenlandschaft, sind sehr fischreich und bieten vielen Vögeln Bruträume. Großartige Wander- und Radwege führen um die Seen, die auch an mehreren Stellen zum Bad einladen.

> *Mein Tipp für einen Abstecher zum historischen Ochsenweg:* Dieser fünfzehn Kilometer lange beschauliche Rundwanderweg führt durch Heide und Wald, durch die Sorgwohlder Binnendünen und das malerische Tal des Flüsschens Sorge.

> *Mein gastronomischer Tipp:* Panorama-Hotel Aschberg, Aschberg 3, 24358 Ascheffel; www.panorama-aschberg.de: Wie der Name schon sagt, bieten Hotel und Restaurant mit Sonnenterrasse und nahem Aussichtsturm in einer traumhaft schönen Umgebung einen fantastischen Ausblick auf die Hüttener Berge.

Adresse: Am Aschberg 3, 24358 Ascheffel

www.naturpark-huettenerberge.de

www.ostseebad-eckernfoerde.de/huettener-berge

www.panorama-aschberg.de

www.naturparkwanderweg.de/naturpark-huettener-berge

www.naturpark-huettenerberge.de/fileadmin/Download/Wanderrouten/Wanderroute_14_Ochsenweg-Sorgwohlder_Binnenduenen

www.seen.de/wittensee

Bismarck-Statue auf dem Aschberg

Rendsburg

Ein Besuch in Rendsburg. Rendsburg ist meine liebste Stadt zwischen Elbe und Königsau. Ich liebe Rendsburg in seiner Geschichte, in seiner Lage, in seiner charakteristischen Altstadt, in seinen Bürgern. Rendsburg liegt gerade in der

Mitte Schleswig-Holsteins; es ist der Knoten in der Vertheidigungslinie der Eider, die natürliche Brücke von Holstein nach Schleswig. In Rendsburg und seiner Umgegend, welche keinesweges von der Natur so begünstigt ist, wie die üppigen Districte des Ostens, wohnt mit der edelste Theil der Ureinwohner des Landes, der Kern des nordalbingischen Sachsenstammes. Von diesem zwischen Eider und Stör gelegenen Theile Holsteins, welcher heute das Amt Rendsburg umfaßt, gingen die großen und historischen Ereignisse des Landes aus. Bei diesem energischen und kräftigen Menschenschlage fand Karl der Große auf seinen verheerenden Raub- und Eroberungszügen den kräftigsten Widerstand. Von hier aus wurden die Dänen nach dem Norden, die Wenden nach dem Osten zurückgeworfen; die Heldenschaar, mit der Gerhard der Große das dänische Reich unterwarf, war aus der Gegend zwischen Eider und Stör.

Seit uralter Zeit war die Eiderinsel, auf der Rendsburg liegt, befestigt. Sie führte den Namen Reinoldesburg. Als Stadt trat Rendsburg mächtig unter den Städten der Herzogthümer hervor unter dem großen Grafen Gerhard, der in der Mitte des vierzehnten Jahrhunderts lebte. Christian der Fünfte erweiterte den Ort auf seine heutige, doppelte Größe, und schuf ihn zu einer Festung um. Und von jeher haben sich die Bewohner von Rendsburg durch ihre kräftige Energie, durch ihre patriotische Gesinnung, durch seltenes, gesundes Urtheil, durch geistiges Leben und edle Bildung ausgezeichnet. ...

Und aus der casernenhaft und regelmäßig gebauten Neustadt gingen wir durch die herrliche Allee von Ulmen und Linden über den Jungfernstieg nach der noch im mittelalterlichen

Stadtansicht von Rendsburg um 1900

Styl aufgebauten Altstadt. Zu beiden Seiten des Weges goß sich in weiter Fläche die Eider aus. ...

Gustav Rasch: Ein Besuch in Rendsburg. In: Ernst Keil (Hg.), Die Gartenlaube Heft 5. Leipzig 1864. Ernst Keil Verlag, Seite 75-76.

Gustav Rasch gesteht in seinem Reisebericht anlässlich seines Besuches in Rendsburg im Jahre 1864 seine große Liebe zu dieser Stadt und berichtet von ihrer Geschichte, ihrer Lage, von der charakteristischen Altstadt sowie den dort lebenden Menschen.

Rendsburgs Bedeutung liegt in seiner Lage begründet, einerseits am historischen Ochsenweg, vor allem aber an der Eider, dem Grenzfluss zwischen den Herzogtümern Schleswig und Holstein, der ehemals südlichen Grenze des dänischen Königreiches, und heutzutage am Nord-Ostsee-Kanal. Die Altstadt befindet sich auf einer ursprünglichen Eiderinsel, an die sich südlich der Rendsburger Stadtsee anschließt, ein ehemaliger Eiderarm.

Rendsburg wurde um 1150 auf einer Insel im Grenzfluss Eider gegründet, weshalb im Laufe seiner Geschichte immer wieder Auseinandersetzungen um seine Zugehörigkeit zu Schleswig oder Holstein entbrannten. Nach dem Dreißigjährigen Krieg wurde Rendsburg 1660 zur dänischen Garnisonsstadt, in der ein erster Festungsbau errichtet wurde, der ab 1690 noch erheblich erweitert wurde, im Norden der Stadt durch das Kronwerk, im Süden durch das riesige Neuwerk mit dem großen militärischen Paradeplatz und der barocken Christkirche als Garnisonkirche. Rendsburg entwickelte sich zur bedeutendsten militärischen Festung im dänischen Gesamtstaat. Weiteren Aufschwung erhielt die Stadt 1784 durch die Fertigstellung des Eiderkanals von Kiel nach Rendsburg, von wo aus der natürliche Flusslauf der Eider bis nach Tönning genutzt werden konnte. Am Ende der Napoleonischen Kriege wurde Rendsburg von schwedischen und russischen Truppen belagert. Im Dänisch-Schleswig-Holsteinischen Krieg von 1848 bis 1851 spielte die Festung Rendsburg ebenfalls eine bedeutsame Rolle.

Wie schon der Eiderkanal führt auch der Nord-Ostsee-Kanal durch Rendsburg, über den seit 1913 die Rendsburger Hochbrücke führt. Trotz dieser verkehrstechnischen Bedeutung entwickelte sich in Rendsburg neben der Carlshütte in Büdelsdorf und der Nobiskrug-Werft kaum Industrie.

Warum sich ein Besuch Rendsburgs lohnt!

Technikbegeisterte werden die Rendsburger Hochbrücke, eine zweieinhalb Kilometer lange Stahlkonstruktion, das Wahrzeichen der Stadt, als bedeutendes technisches

Christkirche in Rendsburg

Denkmal des frühen 20. Jahrhunderts bewundern. Sehens- und vor allem auch nutzenswert sind auch die unter der Hochbrücke angehängte sensationelle Schwebefähre sowie ein Tunnel für Fußgänger und Radfahrer von 1965. Der Nord-Ostsee-Kanal bietet sich für Radtouren an, ebenso für Spaziergänge, bei denen man sich ausruhen kann auf der längsten Sitzbank der Welt mit fast sechshundert Metern.

In der Altstadt Rendsburgs sind sehenswert die älteste Kirche der Stadt, die St. Marien-Kirche, eine spätgotische Back- steinhallenkirche, und die zwischen 1695 bis 1700 von dem dänischen klassizistischen Architekten Christian Frederik Hansen erbaute Christkirche. Am Paradeplatz steht auch ein Denkmal für den schleswig-holsteinischen Freiheitskämpfer Uwe Jens Lornsen.

Auf dem Schloßplatz, auf dem das ehemalige Schloss stand, erinnert seit 1881 der neugotische gusseiserne Gerhardsbrunnen an den Grafen Gerhard III. von Schauenburg, der Rendsburg im Jahr 1339 das „Große Stadtprivileg" verlieh.

> *Mein besonderer Tipp*: In der ehemaligen Synagoge in der Prinzessinstraße befindet sich das Jüdische Museum, eines der ältesten Museen dieser Art mit einer umfassenden Ausstellung über jüdische Geschichte und Kultur. Das erstaunlich gut erhaltene Bauensemble beherbergt die frühere Synagoge mit dem rituellen Tauchbad Mikwe und der Frauenempore sowie die alte Talmud-Tora-Schule. Die Relikte des 1695 angelegten jüdischen Friedhofs Westerrönfeld können ebenfalls besichtigt werden.

> *Mein gastronomischer Tipp*: Hotel Conventgarten, Hindenburgstraße 38-42, 24768 Rendsburg; www.conventgarten.de: Im Restaurant Achterdeck sitzt man direkt am Nord-Ostsee-Kanal und genießt zu der herrlichen Aussicht auf die vorbeifahrenden Schiffe leckere schleswig-holsteinische Gerichte und am Nachmittag hausgemachte Kuchen und Torten.

Adresse: Paradeplatz, 24768 Rendsburg

www.rendsburg.de

www.sh-tourismus.de/rendsburg

www.mittelholstein.de/rendsburg

www.jmrd.de (Jüdisches Museum Rendsburg)

www.metropolregion.hamburg.de/industriekultur/
bruecken/7279042/rendsburger-hochbruecke-und-
schwebefaehre

www.brueckenbote.de/die-laengste-bank-der-welt

Büdelsdorf - Carlshütte

Auf unserem nächsten Ausfluge ist die Carlshütte die erste Station. Diese liegt an dem Schleswigschen Ufer der Eider, eine Viertelstunde nordöstlich von der Stadt und auf dem Grunde des Amtes Rendsburg; sie wurde 1827 von den Herren Holler & Comp. angelegt, benannt nach dem Landgrafen und Statthalter, Prinzen Carl zu Hessen und ist so bedeutend erweitert und vergrößert, daß sie jetzt einer kleinen Vorstadt gleichet. Gewöhnlich werden Cupulo-Oefen zum Schmelzen benutzt, für bedeutende Güsse ist ein Flammofen vorhanden. Der zur Anfachung der Gluth nöthige Wind wird in großer Schnelligkeit durch ein horizontal liegendes, doppelt wirkendes Cylinder-Gebläse, welches durch eine Dampfmaschine in Bewegung gesetzt wird, erzeugt. Bis jetzt ist das Schmelzmaterial rohes Eisen in Verbindung mit im Lande zusammengebrachten alten Gußeisen, zur Erzielung des Eisens aus den einheimischen Rasenerzen sind aber schon ein Hohofen und verschiedene Gebäude vollendet. Außer dem Gebläse treiben die beiden vorhandenen Dampfmaschinen die Bohr-, Dreh-, Schleif-, Walz- und Stampf-Einrichtungen. In fünf Werkstätten werden die Modelle aus Holz, Kupfer, Zink, Eisen, Zinn und Wachs und andere zum Hütten-Inventarium gehörige Gegenstände verfertigt. In der Fabrik sind circa hundert Arbeiter beschäftiget, der Hohofenbetrieb wird die Zahl derselben aber bedeutend vergrößern. Die Fabrikarbeiter sind fast alle hier gebildet und größtentheils in den benachbarten Dörfern einheimisch. Hülfsbedürftigen Kranken in den Familien der Arbeiter werden Unterstützungen aus einer von diesen durch wöchentliche Beiträge formirten Casse gereicht. Als Brennmaterial werden Stein-, Holzkohlen und Torf verbraucht; die Lieferung der letzteren Artikel in bedeutenden Quantitäten kommt vielen Landleuten der Umgegend gut zu Statten. Außer den gewöhnlichen Gußeisenwaaren, als Grapen, Oesen u.s.w. liefert dieses Werk eine Menge bisher hier zu Lande unbekannt gewesener Gegenstände aus Gußeisen, worunter viele besonders für die Landwirthschaft, die Schifffahrt, das Bau-, Mühlen- und Maschinen-Wesen von Wichtigkeit sind, auch ausgezeichnet hübsche Kunstsachen.

J.A. Petersen: Wanderungen durch die Herzogthümer Schleswig, Holstein und Lauenburg. Erste Section. Rendsburg mit der Umgegend, die Eider und der Schleswig-Holsteinische Canal. Kiel 1839. Druck in der Königlichen Schulbuchdruckerei durch C. Wäser, Seite 42-43.

J.A. Petersen besucht auf seinen Wanderungen durch die Herzogthümer Schleswig, Holstein und Lauenburg auch den Industriebetrieb der Carlshütte in Büdelsdorf. Ziemlich präzise beschreibt er die technischen Vorgänge in diesem Eisenwerk.

Carlshütte an der Obereider bei Rendsburg, Lithographie um 1856

Mit der Eisengießerei Carlshütte in Büdelsdorf eröffnete 1827 der erste große Industriebetrieb in Schleswig-Holstein. Der Bauunternehmer und Kaufmann Marcus Hartwig Holler orientierte sich an den Funden von Raseneisenerz in der Nähe und den günstigen Transportmöglichkeiten über den Eiderkanal als Standortfaktoren. Die Eisenhütte am Nordufer der Eider benannte er nach dem Landgrafen Carl von Hessen, dem königlichen Statthalter in den Herzogtümern Schleswig und Holstein. Die Dampfmaschine, die Holler aus England bezog, diente ihm als Modell für die eigene Produktion solcher Maschinen. Diese geniale Erfindung des Engländers James Watt aus dem Jahr 1769 ermöglichte, dass die unterschiedlichsten Produkte nicht mehr in Handarbeit, sondern mit Hilfe von Maschinen hergestellt werden konnten, und eröffnete damit das Zeitalter der Industrialisierung.

Auch die Rohstoffe Steinkohlenkoks und Roheisen ließ Holler schließlich aus Großbritannien importieren. Die Produktion des Eisenwerks und der Maschinenfabrik konzentrierte sich auf Öfen, Dampfmaschinen und landwirtschaftliche Gerätschaften. Die Carlshütte war als erster industrieller Großbetrieb in den Herzogtümern schon in der Mitte des

19. Jahrhunderts eines der produktivsten Eisenwerke Norddeutschlands. 1841 beschäftigte Holler bereits zweihundertfünfzig Arbeiter in seinem Gusseisenwerk, im Jahre 1909 waren es schon eintausendeinhundert.

Warum sich ein Besuch Büdelsdorfs lohnt!

Ein unbestrittener Anziehungspunkt ziemlich genau in der Mitte Schleswig-Holsteins, das ist die Carlshütte heute. Nach der Stilllegung des Industriebetriebes im Jahr 1997 befindet sich auf dem Gelände mit seinen gewaltigen Gießereihallen und den historischen Wohn- und Wirtschaftsgebäuden das Kunst- und Kulturzentrum Kunstwerk Carlshütte mit unterschiedlichen Spiel- und Präsentationsstätten. Hier werden Ausstellungen, Konzerte, Lesungen, Theater- und Filmvorführungen veranstaltet.

In jedem Sommer wird in den Hallen mit zweiundzwanzigtausend Quadratmetern Grundfläche und auf dem achtzigtausend Quadratmeter großen weitläufigen alten Parkgelände die NordArt eröffnet, eine der größten internationalen Ausstellungen zeitgenössischer Kunst in Europa. Sehenswert ist stets der Skulpturenpark. Die Carlshütte ist seit 2011 auch Spielort für viele Konzerte des Schleswig-Holstein Musik Festivals.

Büdelsdorf besitzt ferner ein beispielloses Eisenkunstguss-Museum, das von der Stiftung Schleswig-Holsteinischer Landesmuseen Schloss Gottorf getragen wird und gusseiserne Objekte und Kunstwerke von der Renaissance bis in die Gegenwart zeigt, unter anderem Öfen, Vasen, Büsten, Tische, Stühle und Reliefs aus verschiedenen Hüttenwerken.

Denkmal für Marcus Hartwig Holler in Büdelsdorf

Sammlungsschwerpunkt sind natürlich die Produkte der ehemaligen Carlshütte. Vor dem Museum ist dem Gründer der Carlshütte Marcus Hartwig Holler ein Denkmal gesetzt.

> *Mein Tipp für Wanderer nach dem Museumsbesuch:* Nicht weit ist es, vom Ortskern Büdelsdorfs an den Nord-Ostsee-Kanal zu gelangen, an dem man bis nach Borgstedt und zur Borgstedter Enge wandern kann, einem der drei Obereiderseen, die im 18. Jahrhundert in den Eiderkanal einbezogen waren und nun Teile des Nord-Ostseekanals sind, sowie zur Rader Insel, die 1914 durch eine Begradigung des Kanals entstand, unterhalb der Rader Hochbrücke.

> *Mein gastronomischer Tipp:* Hofcafé Osteria da Nannarella, Neue Dorfstraße 68, 24782 Büdelsdorf; www.hofcafe.eatbu.com: Das nette kleine Lokal lädt ein zu einem leckeren Frühstück und kleinen Mahlzeiten zwischendurch.

Adresse: Ahlmannallee 5, 24782 Büdelsdorf

www.carlshuette.de

www.das-eisen.de

www.buedelsdorf.de

www.weites.land/borgstedter-enge-borgstedter-see-seen-in-schleswig-holstein

Westermühlen

Bei diesem Worte steigt ein ganzes Wald- und Mühlenidyll in mir auf; das kleine, in Busch und Baum begrabene Dorf war die Geburts- und Heimstätte meines Vaters; hier lebten und wirtschafteten in meinen ersten Lebensjahren noch die beiden Eltern meines Vaters.

Fünf Meilen etwa, durch meist kahle Gegend, führte aus meiner Vaterstadt der Weg dahin; dann aber ist mir, als habe plötzlich warmer Baumschatten mich umfangen, ein paar niedrige Strohdächer sahen seitwärts aus dem Laube heraus, zur Linken hörte ich das Rauschen und Klappern einer Wassermühle, und der Wagen, auf dem ich saß, fuhr über knirschenden Kies in eine dämmerige Tiefe. Wasser spritzte von den Rädern: wir fuhren durch ein kleines Gewässer, in dessen dunkle Flut Erlen und größere Waldbäume ihre Zweige von beiden höheren Ufern herabsenkten. Aber schon nach kaum hundert Schritten ging es wieder aufwärts, dann links herum, und auf einem freien Platze und festem Boden rasselte der Wagen vor das zur Rechten liegende Müllerhaus, und mir ist noch, als sähe ich als etwa zweijähriges Bürschlein wie Schattengestalten meine Großeltern, den kleinen, strengen Großvater und die kleine, runde Großmutter, aus der etwas höher belegenen und von zwei Seitenbänken flankierten Haustür uns entgegentreten, die wie zu beiden Seiten gelegenen hohen Fenster des langgestreckten Hauses von den Kronen der davorstehenden Linden umdunkelt waren.

Theodor Storm: Bruchstücke einer eignen Lebensgeschichte, Aus der Jugendzeit, 2. Westermühlen. In: Sämtliche Werke. Achter Band. Bruchstücke einer eignen Lebensgeschichte. Aufsätze, Anzeigen und Vorreden. Leipzig 1920. Insel Verlag.

Theodor Storm verknüpft in seinen Lebenserinnerungen mit dem Wort bzw. dem Ort Westermühlen lebhafte Kindheitserinnerungen an seine Großeltern, auch an die alte Wassermühle des Ortes, die der Familie Storm seit Jahrhunderten gehörte. Der Mühle widmete er ebenfalls das anrührende Gedicht „Westermühlen":

Die Heimat hier und hier dein erster Traum!
Das Mühlrad rauscht, so lustig stäubt der Schaum,
Und unten blinkt der Bach in tiefem Schweigen,
Ein Spiegelrund, drin blau der Himmel ruht.
Vom Ufer rings mit ihren dunklen Zweigen
Taucht sich die Erle in die klare Flut.
Horch, Peitschenknall und muntrer Pferdetrab!
Die Räder knirschen durch den feuchten Sand.
Halt an, halt an! Nun sacht den Berg hinab
Und durch den Bach zum andern Uferrand.
Dann wieder aufwärts links den Weg entlang
Hinauf zur Mühle mit des Kornes Last,
Wo von der Eiche unermüdlich klang
Der Stare fröhlich Plaudern hoch vom Ast.
Zehn Schritte noch, da steht im Schattengrunde
Der Linden halbversteckt das Müllerhaus;
Der Müller mit der Tabakspfeif' im Munde
Lehnt in der Tür und schaut behaglich aus.

Die Gemeinde Elsdorf-Westermühlen liegt am Unterlauf der Eider südwestlich von Rendsburg. Die beiden Ortsteile „Elerstorpe" und „Westermolen", nur zwei Kilometer voneinander entfernt, wurden 1447 gemeinsam erwähnt. Namensgeber für den Ort Westermühlen war eine uralte

Alte Wassermühle in Westermühlen

Wassermühle, erstmalig 1470 als Herzog Gottorpsche Amtsmühle genannt, deren Pächter von 1542 bis 1863 die Familie Storm war. Johann-Casimir Storm, der Vater Theodor Storms, wurde hier geboren.

Warum sich ein Besuch Westermühlens lohnt!

Fast übersieht man dieses unscheinbare historische Gebäude, wenn man durch Westermühlen fährt. Dabei sind das alte Fachwerkhaus der ehemaligen Wassermühle und der idyllische Mühlenbach auf jeden Fall einen Abstecher wert. In der Wassermühle aus dem Jahr 1787 mit heutzutage außenliegendem, unterschlächtigem Wasserrad als „Schaurad", also ohne Antrieb ins Haus, zeigt sich keine Technik mehr. Das 1957 zum großen Teil abgebrochene Haus wurde in den Jahren 1991/92 von der Denkmalpflege saniert, das Mühlenrad wurde erneuert, und eine kleine Storm-Gedenktafel mit Informationen zur Geschichte der Mühle und dem Gedicht Theodor Storms über Westermühlen wurde aufgestellt.

Da die malerische Gemeinde Elsdorf-Westermühlen ziemlich genau im Zentrum des Landes Schleswig-Holstein liegt, sind viele Erkundungen in der Nachbarschaft möglich, zum Beispiel in das nahe Rendsburg, das auch mit dem Fahrrad entlang des Nord-Ostsee-Kanals leicht erreichbar ist. Von Elsdorf-Westermühlen aus führt der Weg über Hamdorf und Breiholz, zwischen denen die Eider zu überqueren ist, bis Hörsten direkt am Nord-Ostsee-Kanal. Von hier aus sind Radtouren entlang des Kanals in beide Richtungen möglich. Möglich ist ebenso eine Radtour nach Fockbek, einem Ort, durch den der historische Ochsenweg führte.

> *Mein Tipp für Hobby-Biologen:* Empfehlenswert ist auch ein Ausflug zum Naturschutzgebiet Hohner See. Der einundsiebzig Hektar große See ist nur einen Meter tief und der letzte noch erhaltene Geestflachsee in der Überschwemmungslandschaft der Eider-Treene-Sorge-Niederung, die durch einen einmaligen Wechsel von Moor, Wald und Feld geprägt ist. Am Hohner See sind viele Tier- und Pflanzenarten zu beobachten, die in Schleswig-Holstein teilweise bedroht sind, wie Seeadler, Rohrweihe, Schilfrohrsänger und Sumpf-Läusekraut.

Wassermühle von Westermühlen

> **„Mein gastronomischer Tipp:** Pepers Landgasthof, Theodor-Storm-Straße 25, 24800 Elsdorf-Westermühlen; www.pepers-landgasthof.de: Das Restaurant überzeugt durch eine angenehme Atmosphäre, sehr nette Bedienung und eine gute Küche."

Adresse: 24800 Elsdorf-Westermühlen

www.elsdorf-westermuehlen.de

www.eider-treene-sorge.de

www.seen.de/hohner-see

Mitte

13. Eiderkanal
14. Großkönigsförde-Findling
15. Nord-Ostsee-Kanal
16. Emkendorf
17. Dänischer Wohld
18. Knoop
19. Holtenau-Eiderkanal
20. Kiel
21. Kieler Förde
22. Kronshagen- Alte Heerstraße
23. Bordesholm-Kloster
24. Neumünster
25. Schwentine
26. Preetz-Kloster
27. Laboe
28. Probstei

Eiderkanal

Sobald sich die Nachricht verbreitete, daß wir den Eiderkanal passiren wollten, kam es unter den Bewohnern des Landes, den Kaufleuten und Lieferanten welche das Eintreffen einer französischen Yacht herbeigelockt hatte, zu lebhaften Verhandlungen. Die Mehrheit behauptete, daß wir unmöglich hindurch kommen könnten.

Wir ließen die guten Leute reden und fuhren nach Rendsburg ab, wo wir gegen sechs Uhr Abends anlangten.

Zunächst fährt man von hier aus also den reizenden Eiderfluß hinauf, der sich in unzähligen Krümmungen dahinwindet. Oft kommt man ganz nahe an den Punkt wieder zurück, wo man vorher war, und ich schätze die Länge der Wasserstraße von Tönning nach Rendsburg zu mindestens hundertfünfzig Kilometer, während die Luftlinie gewiß nicht mehr als etwa achtzig beträgt.

Das Land ist flach, aber üppig grün und hat viele Weiden, auf denen sich Pferde, Kühe und Schafe zu Hunderten frei umhertummeln; von Zeit zu Zeit erscheinen einzelne bewaldete Hügel, Fabriken, Landgüter, die Häuser mit ungeheurem Strohdache bedeckt; die niedrigen Backsteinmauern durchbrochen durch die Pfosten der Fenster mit grünem Rahmen, weiterhin ein oder zwei kleine Städtchen, Friedrichsstadt, Erfde, Hohe Fähre und andere Flecken, welche alle unter Bäumen versteckt liegen. Der Fluß ist im Allgemeinen zwar tief genug, aber das eigentliche Fahrwasser oft von zu vielen Küstenfahrzeugen jeder Art, vorzüglich von rothen, blauen und grünen Galioten beansprucht, auf denen der Schiffer gleich mit Weib und Kind wohnt, und deren gelbliche Segel mit dem Grün der Landschaft angenehm contrastiren. Trotz der Gewandtheit unseres holsteinischen Lootsen geriet der »Saint Michel« doch einmal mit dem Ende des Hinterstevens auf den Grund und konnte nur mit Mühe wieder flott gemacht werden.

In Rendsburg, wo wir gegen sechs Uhr Abends ankamen, befindet sich die erste Schleuße. Werden wir hindurch können? Auf den ersten Blick erscheint das zweifelhaft. Die Kammer erscheint so kurz. Unsere Ungewißheit währte nicht lange, nach zwei Minuten liegt die Yacht in der Schleußenkammer ...

Von Rendsburg waren wir am 17. Juni Morgens acht Uhr abgefahren, sahen stromaufwärts von der Stadt das große Provinzialgefängniß, und langten um fünf Uhr Nachmittags auf der Rhede von Kiel an. Wir mußten inzwischen sechs Schleußen, zwei Eisenbahn-Drehbrücken und vier oder fünf gewöhnliche Zugbrücken passiren. Die letzteren zeichnen sich durch ihre erstaunliche Einfachheit aus: zwei Männer, auf jeder Seite einer, genügen, um dieselbe mit Hilfe eines sorgfältig berechneten Systems von Gegengewichten in wenig Secunden zu öffnen und zu schließen.

Paul Verne: Von Rotterdam nach Kopenhagen am Bord der Dampfyacht „Saint Michel". In: Bekannte und unbekannte Welten. Abenteuerliche Reisen von Julius Verne, Band 39-40, 7. Kapitel. Wien, Pest, Leipzig 1883, Seite 372-374.

Der französische Seefahrer und Schriftsteller Paul Verne, jüngerer Bruder des berühmten Jules Verne, erläutert in seinem umfangreichen Reisebericht sehr anschaulich und detailliert die Fahrt durch den Eiderkanal von Tönning nach Rendsburg und anschließend nach Kiel. Er nennt die Städte,

Wilhelm Dreesen: Alter Eiderkanal bei Holtenau, 1894

an denen die Fahrt vorbeigeht, beschreibt die Landschaften, zählt die Schleusen, die passiert werden.

1774 wurde vom dänischen König eine Kanalkommission berufen, die das lang gehegte Vorhaben realisieren sollte, die Kimbrische Halbinsel mit Hilfe eines Kanals zu durchqueren, um die lange und gefahrvolle Fahrt um den Skagerrak herum zu vermeiden. Statt des kostspieligen ersten Plans, einen Kanal von Kiel bis zur Elbe zu führen, entschloss man sich, die schiffbare Eider bis Rendsburg zu nutzen und von dort einen Kanal bis Kiel anzulegen. Der seinerzeit als modernste und größte Wasserstraße Europas geltende Kanal wurde aufgrund der Anordnung des dänischen Königs Christian VII. zwischen 1777 bis 1784 mit einer Länge von dreiundvierzig Kilometern, einer Breite von einunddreißig Metern und einer Tiefe von knapp dreieinhalb Metern unter dem Einsatz von zweitausend Arbeitern und dreihundert Soldaten für nahezu zweieinhalb Millionen Reichstaler gebaut. Ab Rendsburg wurde das Flussbett der Eider bis nach Tönning und zur Nordsee genutzt. Der Höhenunterschied von sieben Metern wurde durch die Anlage von sechs Schleusen bei Holtenau, Knoop, Rathmannsdorf, Königsförde, Kluvensiek und Rendsburg überwunden. Bei schwachem Wind mussten die Schiffe getreidelt, d.h. vom Ufer aus per Pferde- oder Manneskraft gezogen werden. Die Passage dauerte etwa drei bis vier Tage. Schon im 19. Jahrhundert erwies sich, dass der Kanal den Anforderungen der weiterentwickelten Schifffahrt mit größeren Dampfschiffen nicht mehr genügte.

Warum sich ein Besuch des alten Eiderkanals lohnt!

Der Kanal hat zwar seine immense Bedeutung, die er im 18. Jahrhundert besaß, eingebüßt, ist aber in manchen Teilen noch gegenwärtig. Bei der Rathmannsdorfer Schleuse, einer sehenswerten noch erhaltenen Schleuse des ehemaligen Eiderkanals aus dem Jahr 1784, befindet sich auch noch ein etwa zwei Kilometer langes Teilstück des alten Kanals. Von hier aus führt ein Waldwanderweg bis zum heutigen Nord-Ostsee-Kanal. Ein Wanderweg entlang des Eiderkanals führt in Richtung des Gutes Knoop.

In der weiten Flusslandschaft von Eider, Treene und Sorge eröffnen sich unzählige Möglichkeiten zum Wandern und Spazierengehen. Ein ausgewiesenes Wanderwegenetz bietet eine immense Auswahl, vom kleinen Spaziergang bis zur großen Wandertour. Die schönen Touren führen durch saftige Wiesen, auf denen man viele verschiedene Vogelarten beobachten kann, durch Wälder oder das malerische Treene-Tal.

Schleuse bei Kluvensiek

Entlang des Eiderlaufes kann der Wanderer die einzigartige Flora und Fauna in diversen Naturschutzgebieten erkunden.

Auf dem Weg zum alten Eidertal bei Krummwisch liegt das Naturschutzgebiet Stoffsee, ein kleiner Binnensee von etwa vierzehn Hektar Fläche mit abgestorbenen Bäumen auf vernässten Wiesenflächen, mit typischen Niedermoorpflanzen und einer besonderen Fauna, inklusive Chance zu lohnender Beobachtung der Wasservögel. Vom Ortskern von Krummwisch gelangt man mit einem Abstieg von zwanzig Metern über NN in das Tal der ehemaligen alten Eider, ein einstmals gewaltiges Flusstal.

In Neu Königsförde sind die Klappbrücke und die Schleuse des alten Eiderkanals zu erleben, dessen Verlauf man hier folgen und sich vorstellen kann, wie im späten 18. Jahrhundert Lastkähne von Pferden getreidelt den Weg von Westen nach Osten nahmen. Die Schleuse von Königsförde zeugt eindrucksvoll von der damaligen Schleusentechnik und vom Schiffsverkehr zwischen Ostsee und Nordsee im 18. und 19. Jahrhundert, worüber hier Informationstafeln Auskunft geben.

> *Mein Tipp für Fotografen:* An der Schleusenanlage in Kluvensiek ist die gusseiserne Zugbrücke von 1849/50 aus der Carlshütte in Büdelsdorf ein Foto wert. Auch eine Ausweichstelle im Kanal, das Schleusenwärterhaus und die Pferdestation zum Auswechseln der Treidelpferde vermitteln einen schönen Eindruck vom Alltag an der damaligen Wasserstraße. Weiteres Fotomotiv könnte das unweit der Schleuse gelegene Gut Kluvensiek mit einem 1837 spätklassizistisch gestalteten Herrenhaus sein, das von einem schönen, großen Park und hinter dem Herrenhaus einem Landschaftspark mit mächtigen alten Bäumen bis in die Niederung der Alten Eider umgeben ist. Im nahen Bovenau kann man die Maria-Magdalenen-Kirche besichtigen, eine sehenswerte Feldsteinsaalkirche von 1260.

> *Mein gastronomischer Tipp:* Schleusen-Garten, Rathmannsdorfer Schleuse am Ende der Sackgasse, 24244 Felm; www.schleusen-garten.de: In der idyllischen Umgebung des alten Eiderkanals liegt das Café und Restaurant Schleusen-Garten, das die Gäste im Sommer auf der schönen Terrasse und im Winter am Kaminofen mit ländlicher Küche und hausgemachten Kuchen und Torten verwöhnt.

Adresse: Rathmannsdorfer Schleuse, 24161 Altenholz; 24796 Krummwisch, Neu Königsförde; 24796 Kluvensiek, Bovenau

www.kiel-wiki.de/Eiderkanal

http://www.apt-holtenau.de/holtenau-info/history/rathmannsdorf

www.bovenau.de/tourismus/alter-eiderkanal/holtenau

www.eider-treene-sorge.de

www.weites.land/stoffsee

www.denkmalschutz.de/denkmal/kanalschleuse-kluvensiek

Großkönigsförde - Findling

Hans Heesch. Am Fuß des hohen Heeschenberges bei Schierensee ist eine noch wohlerhaltene, aus Granitblöcken erbaute Grotte. Daneben ist eine jetzt sumpfige Vertiefung. Hier saß nämlich früher ein Felsblock, den am Ende des vorigen Jahrhunderts der Herr von Saldern herausnehmen und zerhauen ließ und zur Grundmauer des Herrenhauses verwandte. Der Block war so groß, daß er völlig ausreichte; er soll 70 Fuß im Geviert gemessen haben; wohl zehn Fuß ragte er aus der Erde hervor. Er hat in alten Zeiten einem Riesen, namens Hans Heesch, zum Sitze gedient, der in der Höhle wohnte und der dem waldigen Berge den Namen gegeben hat. ...

Das Volk dieser Gegend beschäftigt sich mit einer fabelnden Sage der Vorzeit, die dem riesenhaften Karakter des Heeschenberges entspricht und das Romantische des Ganzen vermehrt. Am tiefen Fuß des Berges liegt eine, im Vergleich der übrigen Gebäude, vorzüglich erhaltne kolossale Grotte. Sie widersteht noch, in ihrer urkräftigen Form und Bauart von Granitblöcken, den Zerstörungen der Zeit, und erhebt sich, wie Polyphems Höhle, groß, mächtig und stark, mit drei hochgewölbten Eingängen, vor einem steinernen Becken, das von drei Abstufungen herab sein in Kaskaden niederströmendes Wasser aus unerschöpflichen Bergquellen empfängt. Neben dieser Riesengrotte ist eine jetzt sumpfige Vertiefung, die einst mit einem ungeheuren Granitfelsen von schöner röthlich gefleckter Mischung ausgefüllt war. Er ragte zehn Fuß über der Erde hervor und vertiefte sich eben so viel darunter. Einem übermenschlichen Wesen, so erzählt die Sage der Vorzeit, soll dieser Riesenstein zum Sitz gedient haben. Man nennt den Giganten Hans Heesch, der dem Berg seine Waldbehausung, seinen Namen gab. Der für das Große und Wunderbare so empfängliche Saldern ließ diesen Stein umgraben, ihn dann erst in vier gleiche Theile zersprengen, diese in gleich große Quadern zerhauen und benutzte sie zu der Grund- und Unterlage seines neuen prächtigen Herrenhauses in Schierensee.

N° 1. PIERRE DES MARMETTES.

Jean de Charpentier: Pierre des Marmettes, 1841, ein 1600 m³ großer Findling bei Monthey in der Schweiz

Diese mächtige 17 Fußlage des Gebäudes erhebt sich ringsum bis zu zehn Fuß über der Erde und bildet dann in dem eben so tief gesenkten Grund, das ungeheure Kellergeschoß mit seinen hochgewölbten Kapellen- und ähnlichen Gemächer.

Friedrich Johann Lorenz Meyer: Darstellungen aus Nord-Deutschland, Hamburg 1816. Hoffmann und Campe Verlag, Seite 265-266.

Friedrich Johann Lorenz Meyer erinnert in seinen Darstellungen aus Nord-Deutschland an einen riesigen Felsblock am Fuß des Heeschenberges bei Schierensee, einen besonders großen Findling aus der Eiszeit.

Findlinge sind einzeln liegende sehr große Steine, die während der Eiszeiten von Gletschern aus Skandinavien nach Süden transportiert und abgelegt wurden. Als das Eis schmolz und die Gletscher sich zurückzogen, blieben solche Felsblöcke als Findlinge zurück. In Schleswig-Holstein liegt der größte etwa zweihundert Tonnen schwere Findling aus der Eiszeit noch an der ursprünglichen Stelle an der Königsförder Straße zwischen Lindau und Großkönigsförde. Er ist ungefähr 1,7 Milliarden Jahre alt. Der größte Teil des Steines liegt unter der Erdoberfläche. An der Oberfläche wird deutlich, dass bereits durch Frostsprengung Teile abgesprengt worden sind. Das Herkunftsland des Steins könnte Südschweden sein, denn er weist Ähnlichkeiten mit Graniten aus Småland auf.

Dieser Findling trägt den Namen „Düwelstein oder Teufelsstein" nach einer alten Sage. Der Teufel soll ihn einst vom Felmer Berg aus geworfen haben, um die Gettorfer Kirche zu zerstören, denn das Gotteshaus störte ihn. Gott soll aber den Stein abgewehrt haben, so dass der Stein sein Ziel verfehlte und den Kirchturm nur so streifte, dass er bis heute schief ist. Die Teufelsskulptur an der Gettorfer Kirche und die daneben angebrachte Infotafel erinnern an diese Legende.

Warum sich ein Besuch des Teufelssteins lohnt!

Dieser ungeheure Granitfels ist als größter Findling des Landes mit seinem Gewicht von einhundertachtzig Tonnen ein absolut einmaliges Zeugnis der Eiszeit in Schleswig-Holstein. Der Stein ist etwa 3,75 Meter hoch, sechs Meter lang, viereinhalb Meter breit und besitzt einen Umfang von ungefähr achtzehn Metern. Darüber hinaus wird er durchaus von Kletterern als Trainingsobjekt genutzt. Vor allem die senkrechte „Nordwand" stellt eine gewisse Herausforderung dar.

Teufelsstein bei Großkönigsförde

> *Mein Tipp für Menschen, die statt zu klettern lieber wandern mögen:* Wenn man den Teufelsstein hinter sich lässt, geht es die Königsförder Straße hinunter durch den Ort Großkönigsförde bis zum Nord-Ostsee-Kanal. In beide Richtungen bietet der Kanal relativ leichte Wander- und Radfahrwege. In westlicher Richtung gelangt man zu einer schönen Aussichtsplattform am Kanalufer und schließlich zur Fähre Sehestedt in dem sehenswerten gleichnamigen Ort. In östlicher Richtung kommt man zur Fähre Landwehr, um auf die andere Kanalseite überzusetzen, wo Großkönigsförde gegenüber der Ort Kleinkönigsförde liegt. Dort ist eine der Schleusen des Alten Eiderkanals zu besichtigen.

> *Mein gastronomischer Tipp:* Lindenkrug, Dorfstraße 46, 24214 Lindau; www.lindenkrug.eu: Direkt am Nord-Ostsee-Kanal bietet das Restaurant mit der großartigen Aussicht vorzügliche gutbürgerliche holsteinische Gerichte.

Adresse: Teufelsstein, Königsförder Straße, 24214 Lindau

www.dggv.de/geotope/der-teufelsstein-bei-grosskoenigsfoerde

www.dewiki.de/Lexikon/Düvelstein_(Großkönigsförde)

www.gemeinde-lindau.de

www.urlaub-am-kanal.de/sehestedt

Nord-Ostsee-Kanal

Von Bellevue gelangt man, längs dem Ufer nordwärts gehend, in 40 Min., oder mit dem Dampfer in noch kürzerer Zeit nach Holtenau zur östlichen Mündung des Kaiser Wilhelm-Kanals (Nordostseekanal), der, am 21. Juni 1895 unter Anwesenheit Kaiser Wilhelms II. dem Verkehr übergeben, die Kieler Bucht mit der untern Elbe oder die Ostsee mit der Nordsee verbindet. ...

Der Kanal, von Holtenau bis Brunsbüttel an der Elbe reichend, ist 99 km lang, 9 m tief, am Wasserspiegel 60 m, in der Sohle 22 m breit. Von Holtenau bis Rendsburg führt er durch anmutige Gegend, wo Buchenwälder und Binnenseen miteinander abwechseln. Von Rendsburg nach Brunsbüttel durchzieht er eine einförmige Moorgegend. Über den Kanal führen 17 Fähren, 2 Eisenbahnhochbrücken, bei Grünenthal und bei Levensau, 2 Eisenbahndrehbrücken, außerdem 2 Landstraßenbrücken. ...

An der Mündung des Kanals in die Kieler Bucht liegt die Holtenauer Schleuse, eine Doppelschleuse, die aus zwei nebeneinander liegenden Kammern besteht, die gleichzeitig zum Durchlassen von Schiffen bis zu 150 m Länge benutzt werden können. Die Bewegung der Schleusen, die, ausgenommen bei Sturm, stets geöffnet sind, erfolgt mit hydraulischer Kraft. ... Am Eingang des Kanals, auf bastionartiger Erhöhung, erheben sich zwei Leuchttürme: der am Nordufer ein Steinbau, unten mit künstlerischer Dekoration und Gedächtnistafel; daneben das neue Standbild Kaiser Wilhelms I.; der Turm am Südufer ist aus Eisenkonstruktion. Es tritt nun schöner Buchenwald an den Kanal heran, und bald schimmern über das rechte Ufer die Gebäude des Ritterguts Knoop. Der Dampfer legt an der Landungsstelle Knooper Fährhaus an. Bald darauf wird die imposante Levensauer Hochbrücke sichtbar, die in einem einzigen Bogen von 164 m Spannung 42 m hoch über dem Kanal liegt; bei der Landestelle jenseit der Brücke verlassen viele Reisende das Schiff, gehen hinauf zur Hochbrücke und besichtigen das großartige Bauwerk, das der Bahn Kiel-Flensburg sowie dem Wagen- und Fußverkehr dient. Unmittelbar an der Brücke liegt die Eisenb.-Hast. Levensau, von der man mit der Bahn in 10 Min. nach Kiel zurückfahren kann. Hübscher ist es, am südlichen Kanalufer entlang, über der Knooper Fährhaus nach Holtenau zu gehen und von da nach Kiel mit dem Dampfer zurückzufahren.

Meyers Reisebücher: Nordseebäder und Städte der Nordseeküste. Leipzig und Wien 1907. Bibliographisches Institut. Seite 68-70.

In Meyers Reisebuch werden die für das Jahr 1907 noch geltenden Daten des Nord-Ostsee-Kanals genannt. Von den kurze Zeit später eingerichteten neuen Schleusen und der neuen Holtenauer Hochbrücke ist noch nicht die Rede. Eine Dampferfahrt von Holtenau bis zur Levensauer Hochbrücke wird empfohlen.

Reichskanzler Bismarck gelang es, trotz der Widerstände etlicher Politiker den zunächst zögerlichen Kaiser Wilhelm I. für einen neuen Kanalbau zu begeistern, der schließlich 1883 den Bau beauftragte. Anstelle des von 1777 bis 1784 ausgeführten Eiderkanals, der sich als ungeeignet für größere Schiffe erwiesen hatte, wurde als moderne Verbindung von der Nordsee zur Ostsee zwischen seiner Grundsteinlegung 1887 und der Eröffnung 1895 der Kaiser-Wilhelm-Kanal, heute Nord-Ostsee-Kanal, gebaut, der mittlerweile zu den meistbefahrenen künstlichen Wasserstraßen der Welt gehört. Zwischen Holtenau und Brunsbüttel durchquert der Kanal auf etwa einhundert Kilometern das Bundesland Schleswig-Holstein. Um 1900 begann die kaiserliche Marine, ihre Flotte erheblich zu vergrößern und zu modernisieren, so dass schon von 1907 bis 1914 ein erster Ausbau des Kanals notwendig wurde.

Die neueren großen Doppelschleusen in Brunsbüttel und Holtenau wurden im Kriegsjahr 1914 eingeweiht, so dass jeweils zwei kleine Schleusenkammern (Alte oder Kleine Schleuse) und zwei große Schleusenkammern (Neue oder Große Schleuse) zur Verfügung standen. Zehn Brücken mit einer Durchfahrtshöhe von zweiundvierzig Metern für insgesamt acht Straßen und vier Eisenbahnlinien überqueren den Nord-Ostsee-Kanal. Dreizehn Fahrzeug- und eine Personenfähre sind eingesetzt.

Bau des Nord-Ostsee-Kanals, 1889

Warum sich ein Besuch des Nord-Ostsee-Kanals lohnt!

Er durchquert das ganze Land, und man kann mit ihm das Gleiche tun. Die befestigten Betriebswege ermöglichen auf beiden Seiten des Nord-Ostsee-Kanals für Spaziergänger und Radfahrer auf nahezu voller Länge ausgedehnte Wanderungen und Radtouren ohne jede Steigung und die ergiebige Beobachtung der den Kanal nutzenden Schiffe. Die Nutzung der zahlreichen Fähren ist kostenlos. Die Schleusenanlagen sowohl in Brunsbüttel als auch in Kiel können besichtigt werden, ebenso die dazugehörigen aufschlussreichen Schleusenmuseen. Seit 1997 gibt es in Rendsburg unterhalb der Hochbrücke eine Schiffsbegrüßungsanlage, bei der jedes vorbeifahrende Schiff mit der entsprechenden Flagge und der jeweiligen Nationalhymne begrüßt wird.

Der Nord-Ostsee-Fernwanderweg führt auf einhundertsiebzehn Kilometern von Meldorf bis nach Kiel und gewährt die

Begegnung mit der Vielfalt der schleswig-holsteinischen Landschaft, mit Marsch, Geest und Östlichem Hügelland, mit dem Naturpark Westensee und eben auch mit vielen Teilabschnitten des Nord-Ostsee-Kanals. Entlang des Kanals ist viel zu erleben.

Vom direkt am Nord-Ostseekanal gelegenen Sehestedt kann man mit der Kanalfähre auch an das andere Ufer übersetzen. In Sehestedt selbst laden die sehenswerte St. Peter- und-Paul-Kirche zur Besichtigung sowie das alte Pastorat, das ein Dorfmuseum mit einer heimatkundlichen Sammlung beherbergt. Der granitene Obelisk mitten in Sehestedt erinnert an das Gefecht am 10. Dezember 1813.

An beiden Zufahrten zur Grünentaler Hochbrücke gibt es Parkmöglichkeiten, von denen man zu den alten Fundamenten der ursprünglichen Brücke gelangt und damit zu herrlichen Aussichtspunkten, eine Attraktion für schöne Fotos. Auch die moderne Brücke selbst, diese beeindruckende Konstruktion aus Stahl und Beton, ist ein tolles Fotomotiv. Die Brücke kann zu Fuß überquert werden, dafür gibt es einen Rad- und Fußweg. Am östlichen Brückenkopf lädt ein Rastplatz mit Schutzhütte zum Verweilen ein. Auf dem westlichen alten Brückenkopf erinnert eine Gedenkstätte mit einer Informationstafel an die alte Brücke. Hier ist auch einer der vier Adler, die als über vier Meter hohe Schmuckelemente aus Sandstein zu Ehren des deutschen Kaisers die Brückenköpfe zierten, erhalten. Von hier aus lassen sich die Schiffe auf dem Kanal hervorragend beobachten. Von dieser Seite ist ein Abstieg auf das Kanalniveau möglich, so dass eine Wanderung oder Fahrradtour entlang des Kanalufers unternommen werden kann. Auch parallel zum Kanal führt ein Wanderweg durch sehr abwechslungsreiche Waldgebiete.

Nord-Ostsee-Kanal von der Levensauer Hochbrücke

> *Mein Tipp für eine kleine Rast:* Nicht weit von der Grünentaler Hochbrücke entfernt liegt zwischen Hademarschen und Albersdorf der kleine Ort Beldorf mit einer gepflegten Anlage um ein altes Mühlengebäude, in dem sich ein Café befindet.

> *Mein gastronomischer Tipp:* Brauer's Aalkate, Schirnauer See 5, 24790 Rade; www.brauers-aalkate.de: Das Restaurant mit angeschlossenem Fischladen bietet aus der eigenen Fischerei frischen Fisch, je nach Saison Zander, Hering, Scholle, Forelle, Hecht oder Aal, oder geräucherten Fisch, aber auch andere Gerichte sowie Kuchen in gemütlicher Atmosphäre mit direktem Blick auf das Kanalgeschehen.

Adresse: Schiffsbegrüßungsanlage Rendsburg, Am Kreishafen 36, 24768 Rendsburg; Obelisk, Am Denkmal, 24814 Sehestedt; Grünentaler Hochbrücke, Kanalstraße1, 25767 Beldorf

www.nok-sh.de

www.brueckenterrassen.de/Schiffsbegruessungsanlage

www.wanderbares-deutschland.de/wege/alle-wege/nord-ostsee-wanderweg

www.urlaub-am-kanal.de/sehestedt

www.weites.land/gruenentaler-hochbruecke

Emkendorf

Zum besuchteren Wallfahrtsorte und zwar nicht allein für uns Rendsburger, ist, durch seine Kunst- und Naturschönheiten, das 1 ½ Meilen südöstlich von Rendsburg belegene Gut Emkendorf geworden. In der Mitte des siebenzehnten Jahrhunderts gehörte dieses einem Grafen Ranzau, später haben es u.a. ein Braunschweigischer Feldmarschall, General v. Bülow, eine Herzogin v. Kendal besessen, bis es 1770 vom

Gut Emkendorf

Oberkammerherrn, Grafen v. Reventlow gekauft wurde; seit der Zeit ist es im Besitze dieser gräflichen Familie geblieben und gehört jetzt einem Neffen des Letzteren, dem Kammerherrn, Grafen v. Reventlow-Criminil. Von allen Seiten führt eine lange Allee zum Hofe. Das Äußere des Herrenhauses, welches zwei Flügel hat, läßt nicht erwarten, daß es so pompeuse Zimmer, z.B. mit polirten Fußböden, Tapeten von Seidenstoffen u.s.w. enthält, deren Ausstattung mit Gemälden und anderen Kunstwerken so erhaben ist, daß man sich lebhaft zum Danke gegen die Gutsherrschaft verpflichtet fühlt, deren Liberalität es Jedem gewährt, hier Auge und Herz zu laben. Malerisch ist die Aussicht von den hinteren Zimmern des Hauses über grüne Rasen und ein Gewässer nach dem Holze. Die großen Gehölze bei dem Hofe sind ganz mit Promenaden durchflochten, auch stößt man in selbigen hie und da auf Gruppen verschiedener Holzarten und freie Plätze. Der Frucht- und Blumengarten ist mit Kunst und Geschmack angelegt, schön und inhaltsreich.

J.A. Petersen: Wanderungen durch die Herzogthümer Schleswig, Holstein und Lauenburg. Erste Section. Rendsburg mit der Umgegend, die Eider und der Schleswig-Holsteinische Canal. Kiel 1839. Druck in der Königlichen Schulbuchdruckerei durch C. Wäser, Seite 58-59.

J.A. Petersen gelangt auf seinen Wanderungen durch die Herzogtümer Schleswig, Holstein und Lauenburg auch zum Gut Emkendorf und rühmt neben der Geschichte des Hauses vor allem seine „pompöse" Ausstattung.

Eine schöne zweihundertfünfzigjährige Linden- und Kastanienallee, früher Teil der alten Chaussee von Kiel nach Rendsburg, eine sogenannte „gemischte Allee" mit Linden, Kastanien, Platanen und Eichen im Wechsel, als Naturdenkmal unter Schutz gestellt, führt am Gut Emkendorf vorbei. Die Hofanlage mit dem Herrenhaus und mehreren Wirtschaftsgebäuden folgt einer strengen Symmetrie. Das Gutshaus wurde zwischen 1730 und 1743 erbaut und später an Detlev von Reventlow verkauft, der es 1783 wiederum an seinen Sohn Friedrich Karl von Reventlow weitergab. Dieser konnte dank der Mitgift und des Erbes seiner Frau Julia, Tochter des reichen Plantagenbesitzers und dänischen Schatzmeisters Heinrich Carl Schimmelmann, das Herrenhaus prächtig ausgestalten. Fritz und Julia von Reventlow schufen auf ihrem Gut einen Gesprächskreis mit großen Persönlichkeiten ihrer Zeit wie Friedrich Gottlieb Klopstock, Matthias Claudius, Johann Caspar Lavater, Fredrich Leopold zu Stolberg-Stolberg, den so genannten Emkendorfer Kreis. Dieser Musenhof wurde oft auch als „Weimar des Nordens" bezeichnet. Von 1764 bis 1929 befand sich Gut Emkendorf im Besitz der Familie Reventlow. 1929 wurde es an die Verlegerfamilie Heinrich verkauft.

Warum sich ein Besuch des Gutes Emkendorf lohnt!

Wer würde nicht gerne einmal in einem solchen Schloss wohnen. Aber zumindest ein zeitlich begrenzter Aufenthalt im Rahmen einer Besichtigung ist möglich. Das zweigeschossige verputzte Herrenhaus von Gut Emkendorf wurde zunächst im spätbarocken Stil erbaut, später dann klassizistisch verändert. Die Hofseite ist durch zwei langgestreckte niedrigere Flügel hufeisenförmig gestaltet. Die Innenräume befinden sich überwiegend noch im originalen Zustand. Im Erdgeschoss liegen der Gartensaal sowie der Salon, das Speisezimmer und ein Schlafzimmer. Im oberen Stockwerk bildet der Festsaal mit Rokokostuckdecke den zentralen Raum, um den sich die ehemalige Bibliothek, der Blaue Salon, das Etruskische Zimmer, das Telemachzimmer, ein weiteres Speisezimmer sowie mehrere Schlafräume gruppieren.

Das Gartenhaus von 1796, auch als Klein Emkendorf oder Claudiushaus bezeichnet, diente dem Dichter Matthias Claudius zeitweise als Wohnung.

Das wirklich prachtvolle Herrenhaus, die weiteren historischen Gebäude und der weitläufige Park sind für Besucher mit Führungen und für Gäste, die auf Gut Emkendorf feiern möchten, geöffnet. Gut Emkendorf ist heutzutage für seine Konzertveranstaltungen in der historischen Scheune bekannt, vor allem auch im Rahmen des Schleswig-Holstein Musik Festivals.

Auch der nahe idyllische Hasensee und der Park am Hasensee sind perfekte Ausflugsziele, wie auch der ganze Naturpark Westensee, in dem Gut Emkendorf liegt und der im Norden an den Naturpark Hüttener Berge und im Süden an

Gut Emkendorf

den Naturpark Aukrug anschließt, vielfältige Möglichkeiten für Wanderungen und Radtouren bietet. Besonders schöne Wanderungen sind um die drei nahe gelegenen Seen Westensee, Schierensee und Brahmsee empfehlenswert.

> *Mein Tipp für enthusiastische Naturfreunde*: Entlang der gekennzeichneten Wege im Naturpark Westensee begegnet man zahlreichen naturkundlichen und kulturgeschichtlichen Höhepunkten wie den Naturschutzgebieten Methorst und Rümlandteich, dem Flemhuder See und der Schleuse Strohbrück oder dem Tierpark Arche Warder.

> *Mein gastronomischer Tipp*: Landgasthaus Hopfenstübchen, Emkendorfer Straße 65a, 24802 Emkendorf; www.hopfenstuebchen-emkendorf.eatbu.com: Das Traditionslokal in der Nähe des Gutes bietet eine angenehme Atmosphäre und eine gute Küche.

Adresse: Gut Emkendorf, Gutshof 3, 24802 Emkendorf

www.gutemkendorf.de

www.mittelholstein.de/emkendorf

www.tourismus-naturpark-westensee.de

www.arche-warder.de

Dänischer Wohld

Dänischer Wohld oder Dänischwohld heißt die Küstenlandschaft zwischen der Eckernförder Bucht und der Kieler Förde. Sie ist etwa 20 km breit und bis zum Nord-Ostsee-Kanal im Süden 12 km tief. Der Name ‚Dänischer Wald' stammt aus dem Mittelalter, als das Land noch dicht bewaldet und von Jüten besiedelt war. Im Zuge der Kolonisation Ostholsteins im 13. Jahrhundert wurde auch diese Halbinsel von sächsischen Kolonisten besiedelt und dann durch Niederlegung von Bauerndörfern im 16. und 17. Jahrhundert rein adeliges Gutsgebiet mit zahlreichen Herrenhäusern und nur dünner Besiedlung. So hat die Landschaft wenige Dörfer und Kirchen.

Karl Baedeker: Reisehandbuch Schleswig-Holstein und Hamburg. Hamburg 1949, Seite 47.

Im Baedeker-Reisehandbuch von 1949 werden nur kurz die Lage und die Geschichte der Landschaft „Dänischer Wohld" beschreiben.

Der Dänische Wohld ist eine Natur- und Kulturlandschaft im Norden Kiels zwischen Eckernförder Bucht und Kieler Förde, die einst Teil eines riesigen Waldgebietes war, der wegen seiner Undurchlässigkeit den Namen „Isarnho" (Eisenwald) trug. Die undurchdringliche Dichte dieses Waldes wurde noch stärker, als um 400-500 nach Christus weite Bevölkerungsteile abwanderten, unter anderem die Angeln und die Sachsen nach England. Dadurch wurden vor allem Südostschleswig, damit auch der Dänische Wohld, und Ostholstein praktisch siedlungsleer, und der Wald breitete sich immer stärker aus. Das änderte sich erst allmählich um das Jahr 1000, als von Norden die Dänen und von Südosten die slawischen Abodriten in dieses Gebiet einzogen. Zur gleichen Zeit siedelten sich auch die sächsischen Stämme der Holsten und Stormarn wieder an.

Als typische Jungmoränenlandschaft, die in der Weichseleiszeit vor etwa zwanzigtausend Jahren entstand, ist der Dänische Wohld gekennzeichnet durch viele Kuppen, Hügel und Steilküsten. Im Jahr 1260 gelangte der Dänische Wohld in den Besitz der holsteinischen Grafen, die Siedler aus dem Süden holten, erste Dörfer gründeten und die Rodung großer Teile des Waldgebietes veranlassten. Seitdem prägen weite Korn-, Mais- und Rapsfelder die Landschaft. Am Ende des Mittelalters setzten sich auch im Dänischen Wohld die adligen Gutsherrschaften durch. Die imposanten Herrenhäuser oder Schlösser wie Altenhof, Hohenlieth und Borghorst zeugen von dieser Zeit.

Warum sich ein Besuch des Dänischen Wohldes lohnt!

Der Dänische Wohld zwischen Kiel und Eckernförde ist ein wahres Radfahr- und Wanderparadies, das kleine Hügel, schattige Wälder und schöne Felder und an der Eckernförder

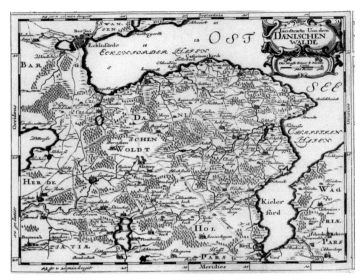

Johannes Mejer, Caspar Danckwerth: Dänischer Wohld. In: Neue Landesbeschreibung der zwei Herzogtümer Schleswig und Holstein, 1652

Bucht immer wieder herrliche Aussichten auf die Ostsee bereithält.

Eine solche aussichtsreiche Radtour beginnt in Krusendorf, Noer oder Lindhöft. Die Strecke bietet viele historisch interessante Sehenswürdigkeiten, wie in Noer ein schönes Mausoleum, in Krusendorf die Dreifaltigkeitskirche, in Borghorst ein ansehnliches Gut und außerdem in der ganzen Region mehrere steinzeitliche Hügelgräber. Zahlreiche Findlinge deuten auf die eiszeitliche Entstehung, und etliche Hünengräber zeugen von der frühen Besiedlung dieses Raums. Dazu lohnt sich stets ein Abstecher an die Ostsee; in Lindhöft zum Beispiel ist es nicht weit zum herrlichen Strand.

Eine weitere interessante Radtour fängt in Gettorf an und orientiert sich dann am Nord-Ostsee-Kanal. Man durchquert den Naturpark Hüttener Berge bis nach Holtsee, wo eine große Käserei nach Voranmeldung von Gruppen auch besichtigt werden kann.

Eine sehr kurzweilige und tatsächlich auch kurze Tour an der Ostseeküste verspricht der Weg vom Ostseebad Strande aus entlang der Steilküste bis zum Bülker Leuchtturm und schließlich am Gut Alt Bülk vorbei zurück nach Strande.

> *Mein Tipp für alle Kunstinteressierten:* Güter und Herrenhäuser wie die von Noer, Wulfshagen, Wulfshagenerhütten, Borghorst, Altenhof, Eckhof oder Knoop verweisen ebenso auf die historische Bedeutung des Dänischen Wohlds wie die schönen Kirchen in Gettorf, Sehestedt, Krusendorf und Dänischenhagen.

> *Mein gastronomischer Tipp:* StrandHaus Schwedeneck, Strandstraße 24, 24229 Schwedeneck; www.strandhaus-schwedeneck.de: Das nordisch helle, moderne Lokal nur zehn Meter vom Wasser entfernt serviert auf der Terrasse oder am Kaminofen Fisch und mediterrane Gerichte wie Tapas.

Adresse: Kirche von Dänischenhagen, Kirchenstraße 5, 24229 Dänischenhagen

www.ostseebad-eckernfoerde.de/daenischer-wohld

www.daenischer-wohld.de

www.strande.de

Kirche von Dänischenhagen

http://www.apt-holtenau.de/holtenau-info/history/daenischenhagen

Knoop

Ein Morgenspaziergang durch Düsternbrook nach der Mündung des Kanals, und von diesem hinauf bis Knop, ist ein Genuss, den zehen Seestädte nicht gewähren. Ich möchte wohl an dem ganzen Kanal hinauf bis an die Nordsee gehen: die Schönheiten müssen zahlreich und mannichfaltig seyn. Von der Mündung bis nach Knop, kaum eine Stunde Weges, begegneten uns eine Menge Schiffe; und ihre Durchfahrt durch die Schleußen giebt Unterhaltung, wenn man es auch schon sehr oft gesehen hat. Das Gut und der Garten des Grafen Baudissen sind zwar auch nicht in dem Stil der hohen

Schönheit; das würde die Gegend kaum erlauben: aber es ist in beyden viel Mannigfaltigkeit, und das Nützliche und Angenehme in freundlicher Verbindung. Selten habe ich eine fröhlichere Mahlzeit gehalten, als das Frühstück dort am Kanal im Wirthshause.
Johann Gottfried Seume: Mein Sommer 1805. 1806, Seite 240.

Der Reiseschriftsteller Johann Gottfried Seume besuchte 1805 auf seiner Rückreise von Kopenhagen die Stadt Kiel und ihre Umgebung und beschreibt in seinem Bericht auch das Gut Knoop am damaligen Eiderkanal.

Gut Knoop wurde 1322 zum ersten Mal im Zusammenhang mit einem Lupus de Knope (Wulf/Wolf von Knoop) urkundlich erwähnt. Im 16. Jahrhundert erbaute Paul von Rantzau das Wasserschloss Knoop („Arx Cnopia"). Im 17. Jahrhundert kam das Gut in den Besitz der Familie Baudissin.

1776 kaufte der durch den Atlantischen Dreieckshandels und seinen Sklavenhandel berühmt-berüchtigte Kaufmann und dänische Schatzmeister Heinrich Carl Schimmelmann Gut Knoop für seine Tochter Caroline Adelheid Cornelia anlässlich ihrer Vermählung mit Heinrich Friedrich Graf von Baudissin. Caroline von Baudissin veranlasste den Bau des heutigen Herrenhauses. Den Landschaftspark des Gutes konzipierte Carl Gottlob Horn unter Einbeziehung des Kanalufers. Ein hölzerner Pavillon gewährte einen Ausblick auf den Eiderkanal und seine Knooper Schleuse. Der Bau des späteren Nordostsee-Kanals zerstörte den Park. Neben dem Gut Emkendorf ihrer Schwester Julia von Reventlow machte Caroline auch Knoop um 1800 zu einem kulturellen Zentrum des Landes. Heute befindet sich das Gut im Besitz der Familie Hirschfeld.

Gut Knoop um 1860, Sammlung Alexander Duncker

Warum sich ein Besuch des Gutes Knoop lohnt!

Das wunderschön am Nord-Ostsee-Kanal gelegene Herrenhaus wurde zwischen 1792 und 1796 nach einem Entwurf des dänischen Architekten Axel Bundsen gebaut und gilt mit seinem mächtigen Portikus als herausragendes Beispiel der klassizistischen Architektur in Schleswig-Holstein. Dank des Schimmelmannschen Vermögens ließ Caroline von Baudissin das Haus von namhaften, zum Teil aus Italien stammenden Künstlern ihrer Zeit mit teuren Möbeln und Kunstwerken prachtvoll ausstatten.

Das in Privatbesitz befindliche Gutshaus, in dem häufig kulturelle Veranstaltungen stattfinden, kann nach Anmeldung besichtigt werden. Das im dorischen Stil 1910 errichtete Teehaus auf dem Gelände ist für die Öffentlichkeit zugänglich.

Gut Knoop

> *Mein Tipp zur Erkundung der Schleusen des Eiderkanals:* In der Nähe des Gutes Knoop befand sich nach der ersten in Holtenau die zweite Schleuse am alten Eiderkanal mit einer im holländischen Stil errichteten Klappbrücke. Diese beiden Schleusen existieren nicht mehr, sehr nahe in nordwestlicher Richtung liegt allerdings die sanierte ehemalige Rathmannsdorfer Schleuse, die dem Besucher einen Eindruck von den Schleusenbauten des Eiderkanals vermitteln kann. Von Knoop aus sind Wanderungen am Nord-Ostsee-Kanal möglich.

> **_Mein gastronomischer Tipp:_** Kanalfeuer, Knooper Dorfstraße, 24161 Altenholz; www.kanalfeuer.de: Im Restaurant Kanalfeuer kann man in gemütlichem Ambiente den unverstellten Blick auf den Kanal und handgemachte deutsche, mediterrane und internationale Speisen genießen.

Adresse: Gut Knoop, 24161 Altenholz

www.gut-knoop.de

www.herrenhaeuser.sh/anwesen/herrenhaeuser/34-gut-knoop

www.apt-holtenau.de/holtenau-info/history/knoop

www.apt-holtenau.de/holtenau-info/history/rathmannsdorf

Holtenau und Eiderkanal

Nach Holtenau, der Mündung des Holsteinischen Kanals, gelangt man auf einem öden Sandwege; doch man muß ihn nicht scheuen, um das ruhmvolle Werk des General-Majors Wegener von den Jahren 1777-84, dem der Kanalbau anvertraut war, zu sehen. Mündung des Kanals ist durch zwei Säulen bezeichnet. Eine Menge Packhäuser liegt an der Seite – auch wird hier der Zoll errichtet. Bedeutend war zwar der Kostenaufwand, der den vom Grafen Schimmelmann gemachten Plan realisirte, den Ocean mit der Ostsee zu vereinigen; doch sind die Vortheile auch wesentlich gewesen, indem jeder gern den Kanalfahr-Zoll, so ansehnlich er auch ist, erlegt, um die sichre Kanalfahrt, dem gefahrvollen Umwege von dreyhundert

Seemeilen um die Küste von Jütland durch das Kattegat, vorzuziehen. Der Kanal fängt bey Kiel, wo sich die Levensau in die Ostsee ergießt, an, geht dann durch dem Flemhuder See bis in die Eider bey Rendsburg, also eine Strecke von mehr als 5 Meilen. Er hat auf dem Grund 54 und auf der Wasserfläche 100 Fuß Breite. Da der Flemhuder See 27 ½ Fuß höher liegt, als die Meeresfläche, so werden die Schiffe von der Ostsee aus durch 3 Schleusen bis zu denselben hinauf und durch eben so viele auf der entgegengesetzten Seite wieder herabgebracht. Dies große Werk kostete 2 ½ Millionen Thaler. ...

Der Kanal war, während unser Weg uns längs dessen Ufern hinführte, mit mehreren großen Kauffartheyschiffen bedeckt, die von der Ostsee kamen, nach der Nordsee, und so umgekehrt, gingen. Innerhalb des Kanals selbst, dessen Breite nur für zwey nebeneinandergehende Schiffe sich ausdehnt, wurden sie mit Pferden bis zu den Schleusen vorwärts gezogen, bey welchen zugleich die Zugbrücken der Kommunikations-Wege angebracht sind. Bey der an der Auffahrt des Guthes liegenden Schleuse, befindet sich ein Gasthof, dessen Lage sehr romantisch ist. Im Schatten kühlender, vor den Hausflur befindlicher Pappeln, genossen wir, bey einer Tasse Thee, in gemüthlicher Ruhe diesen selt'nen Anblick, welchen die Fahrzeuge, die der Wuth der Wellen des Oceans trozten, uns gewährten. Mit wohlthätiger Freude schwelgte das Auge an den Erzeugnissen der Natur und Kunst im vollsten Genusse. Ungern schied ich von diesen Fluren, und sah ihnen, als wir am Abende mit dem Scheiden der Sonne zur Stadt zurückritten, mit wehmüthigem Rückblick nach.

J. Taillefas: Skizzen einer Reise nach Holstein besonders der Probstey Preetz im Sommer 1817. Hamburg 1819. Verlag des Verfassers und in Commission bey O.K.T. Busch, in Altona, Königl. privilegirtem Buchhändler, gedruckt bey Hartwig und Müller, Seite 61-65.

Wilhelm Dreesen: Alte Holtenauer Schleuse am Eiderkanal, 1894

Taillefas schildert in seinen Skizzen einer Reise nach Holstein den Beginn des alten Eiderkanals bei Holtenau und spricht von den zahlreichen Packhäusern und den zwei Säulen, die die Mündung des Kanals kennzeichnen. Von diesen Obelisken steht heutzutage nur noch einer.

An die Zeiten des alten Eiderkanals und des Baus dieser Wasserstraße ab 1777 erinnern in Holtenau noch das alte Packhaus und der Obelisk. Holtenau erlangte wie alle Dörfer im Bezirk des Gutes Seekamp 1791 die Befreiung von der Leibeigenschaft und gehörte fortan zum Amtsbezirk Knoop, bis es 1922 in die Stadt Kiel eingemeindet wurde. Der Bau des Nord-Ostsee-Kanals am Ende des 19. Jahrhunderts und die Eröffnung des Flughafens 1930 bewirkten den wirtschaftlichen Aufschwung des ehemaligen Bauerndorfes durch die Einrichtung neuer Behörden und neuer Infrastruktur wie der Brücke und der Fähre.

Warum sich ein Besuch Holtenaus lohnt!

Die Schifffahrt auf dem Nord-Ostsee-Kanal direkt und aus nächster Nähe erleben, das kann man von der Aussichtsplattform der Schleusenanlage auf der Südseite des Kanals in Kiel-Wik aus, von der der Besucher auch zum Kieler Stadtteil Holtenau hinüberblicken kann.

Am schönsten nähert man sich Holtenau über die kleine Kanalfähre von Kiel-Wik aus. Die Kanalstraße entlang geht der Weg bis zur Schleuseninsel, zum Wasserstraßen- und Schifffahrtsamt in dem alten Backsteingebäude im Wilhelminischen Architekturstil, in dem ehemals die Kaiserliche Kanalkommission untergebracht war. Auch von hier aus lässt sich der Schiffsverkehr beim Ein- und Ausschleusen gut beobachten. In der Kanalausstellung auf dem Schleusengelände werden im Rahmen von Führungen die ältere wie auch die neuere Kanaltechnik sowie Wissenswertes zum Kanalgeschehen und zur Geschichte des Nord-Ostsee-Kanals eingehend erläutert.

Mit dem Fahrrad an der Kieler Förde entlang von Holtenau aus über Friedrichsort und Schilksee gelangt man ins Ostseebad Strande bis nach Bülk. An der Holtenauer Kanalmündung in die Kieler Förde gelangt man zum zweihundertachtzig Meter langen Tiessenkai mit seinen kleinen Restaurants und dem Liegeplatz für schöne Traditionssegler. Das zwischen 1780 und 1783 erbaute Kanalpackhaus und der hohe Obelisk von 1784 mit der Aufschrift „Patriae et Populo" (Für das Vaterland und für das Volk) sind Relikte des ehemaligen Eiderkanals. Hauptsehenswürdigkeit am Ende dieses Weges ist aber der alte Leuchtturm Holtenau, der seit 1895 als Einfahrtsfeuer zum Nord-Ostsee-Kanal dient und zu den schönsten Leuchttürmen Deutschlands zählt. Die achteckige „Drei-Kaiser-Halle"

Leuchtturm Holtenau

ist zugleich Gedenkstätte für die drei während des Kanalbaus regierenden deutschen Kaiser Wilhelm I., Friedrich III. und Wilhelm II..

> *Mein Tipp für Badefreunde:* Ein Stück weiter lockt die idyllische alte Seebadeanstalt Holtenau aus dem Jahr 1907 zum Besuch und eventuell auch zum erfrischenden Bade.

> *Mein gastronomischer Tipp:* Das Schiffercafe Kiel, Tiessenkai 9-10, 24159 Kiel; www.schiffercafe-kiel.de: In den beiden Häusern eines ehemaligen Schiffsausrüstungsbetriebes direkt am Nord-Ostseekanal und den Schleusen werden saisonale und regional angebaute Produkte zubereitet, wie hausgemachter Matjes, Backfisch, frisch produzierte Fischfrikadellen und Muscheln der Kieler Meeresfarm sowie selbstgebackene Kuchen.

Adresse: Wasserstraßen- und Schifffahrtsamt Kiel-Holtenau, Schleuseninsel 2, 24159 Kiel

www.ostsee.de/kiel/schleusenanlagen

www.apt-holtenau.de/holtenau-info/history/schleusen

www.kiel.de/de/kultur_freizeit/kiel_erkunden/kulturspuren/holtenau

www.kiel-sailing-city.de/kieler-foerde-entdecken/strandorte/kiel-holtenau

www.seebad-holtenau.de

Kiel um 1855: Blick vom Ostufer der Kieler Förde zum Westufer auf den historischen Stadtkern mit der Nikolaikirche im Zentrum, rechts davon das Kieler Schloss

Kiel

Kiel, eine Stadt mit etwa 7000 Einwohnern, liegt am südwestlichen Ende des von Südwest nach Nordost sich erstreckenden Meerbusens, den man den Kieler Hafen nennt, und der an seinem nordwestlichen Eingange durch die kleine Festung Friedrichsort verteidigt wird. Die Stadt ist nicht besonders schön gebaut und hat in Hinsicht der altertümlichen winkligen Häuser manche Ähnlichkeit mit Lübeck. Außer dem nicht sehr großen, aber regelmäßig-eckigen Marktplatze gibt es keine öffentlichen Plätze in der Stadt. An demselben liegt das Rathaus, ein altes Gebäude, in dessen Erdgeschoss der Fleischschrangen ist. Kiel ist fast ganz von Wasser umgeben, da es im Osten und Süden vom Kieler Hafen, im Westen von einem Meerbusen (oder See), der kleine Kiel genannt, umschlossen wird; nur gegen Norden, wo das Schloß liegt, hängt es mit dem festen Lande zusammen. Die gegen Nordwest liegende Vorstadt wird die Braunschweig oder Brunswick genannt.

Friedrich Nicolaus Schrader: Reise von Hamburg nach Kiel vom 8.-16. Juli 1828.

Friedrich Nicolaus Schrader beschreibt anlässlich seiner Reise von Hamburg nach Kiel 1828 die Topographie der Stadt, die sich aus seiner Sicht allerdings nicht besonders günstig darstellt.

Als Graf Adolf IV. von Schauenburg um 1233 die Stadt Kiel gründete, sah er hier an der Förde die einzigartige Möglichkeit, mit diesem sturmsicheren Tiefwasserhafen einen Zugang zur Ostsee und damit zum Ostseehandel zu erlangen. Auf der flutsicheren Halbinsel mit ihrem flachen Moränenhügel legte Adolf seine Stadt an, seine „Civitati Holsatiae", also „Stadt Holsteins bzw. der Holsten", zu der „der ganze See Kyl", in Anspielung auf die keilförmige Gestalt der Förde, gehörte, was man bald zu dem Namen „tom Kyle" oder später auch zu „Kiel" verkürzte. Die planmäßig angelegte Siedlung, die 1242 das Lübische Stadtrecht erhielt, war mit ihren eintausendachthundert Einwohnern damals die nördlichste Stadt im Heiligen Römischen Reich. Kiel gilt aufgrund des geometrischen Grundrissschemas als Musterbeispiel für eine planmäßige Stadtgründung im Rahmen der mittelalterlichen deutschen Ostkolonisation. Charakteristisch ist das doppelte Straßenkreuz rund um den rechteckigen zentralen Marktplatz mit dem Rathaus und der benachbarten, kurz nach der Stadtgründung erbauten St. Nikolaikirche. Dänische Straße und Schlossstraße führen nach Norden, Flämische und Schuhmacherstraße nach Osten, Holsten- und Kehdenstraße nach Süden und Küter- und Haßstraße nach Westen. Die mittelalterliche Grundrisssituation ist bis in die Gegenwart in der Altstadt erhalten geblieben.

Bis ins 16. Jahrhundert beschränkte sich die Besiedlung auf die vom Wasser, von der langgestreckten Förde auf der einen und vom durchgehenden Kleinen Kiel auf der anderen Seite umschlossene Altstadt. Ab 1572 begann sich die Stadt aufgrund steigender Einwohnerzahlen in südliche Richtung über die Stadtmauer hinaus entlang der Landstraße auszudehnen, die von nun an Vorstadt hieß.

Um 1900 wurde Kiel mit mehr als einhunderttausend Einwohnern zur Großstadt. Das rasante Wachstum war auf den Ausbau der Marine und der Werften in der neu ernannten Reichskriegshafenstadt zurückzuführen. Die neue Großstadt wurde im gründerzeitlichen Baustil umgestaltet, dem das alte mittelalterliche Stadtbild weichen musste. Im Zweiten Weltkrieg wurde Kiel wegen der Bedeutung als Kriegshafen und Werftstandort zu mehr als achtzig Prozent zerstört.

Warum sich ein Besuch Kiels lohnt!

Was wäre Kiel ohne das Wasser, ohne seine Lage an der Förde? Lohnend ist ein ausgiebiger Spaziergang entlang dem Fördeufer von der Hörn, dem Ende der Förde, bis zur Kiellinie, vorbei an verschiedenen Hafenanlagen, an dem Schifffahrtsmuseum, am Seegarten-Anleger, am Skandinavienkai, an den Fähr- und Kreuzfahrtschiffen, am Landeshaus und den vielen Ministeriumsgebäuden bis zum alten Olympiahafen von 1936 und der Seebadeanstalt. Das Düsternbrooker

Gehölz hinter dem Landeshaus ist ein großes Waldgebiet mit zahlreichen schönen Spazierwegen.

Das Schifffahrtsmuseum Kiel in der ehemaligen Fischauktionshalle von 1910 informiert mit seinen Exponaten über die Geschichte der Seestadt Kiel und ihre maritimen Verbindungen in alle Welt. Im kleinen Museumshafen liegen verschiedene historische Schiffe. Das anschließende Kieler Museumsviertel wird ergänzt durch die Kunsthalle mit ihren wechselnden Ausstellungen und der umfangreichen Antikensammlung, die allerdings zwecks Sanierung zurzeit geschlossen sind, das Medizinhistorische Museum und das Zoologische Museum. In der Dänischen Straße beherbergt der älteste Profanbau der Stadt, das Adelspalais Warleberger Hof, das Stadtmuseum.

Im Zentrum der Kieler Altstadt befinden sich der Alte Markt und die Nikolaikirche im romanischen Backsteinstil, die nach schweren Zerstörungen im Zweiten Weltkrieg in einfacherer Form wiederaufgebaut wurde. Nicht weit vom Alten Markt steht das ehemalige Kieler Kloster, vor dem eine Bronzestatue Adolfs IV. errichtet ist, die den Grafen zeigt, wie er eine Mönchskutte über seine Ritterrüstung anzieht. Seinen Grabstein kann man im Kreuzgang betrachten.

Das Standbild des in Kiel geborenen russischen Zaren Peter III. steht vor den Resten des ehemaligen Kieler Schlosses, vor dem Rantzaubau von 1695, und oberhalb des schön gestalteten Schlossgartens mit dem Reiterstandbild des deutschen Kaisers Wilhelm I.. Im Inneren des Rathauses lockt der alte Paternoster, einer der wenigen Aufzüge dieser Art, die noch im Betrieb sind. Vom Rathausturm aus kann man einen herrlichen Ausblick genießen.

Fährhafen Kiel

Den besten Blick auf die Kieler Skyline mit der Nikolaikirche, dem Rathausturm und dem Kieler Hafen hat man von Gaarden aus. Diesen Kieler Stadtteil erreicht man von der Innenstadt aus am besten zu Fuß oder mit dem Fahrrad über die Hörnbrücke, eine dreigliedrige Faltbrücke für Fußgänger und Fahrradfahrer von 1997, die einzige Brücke in der Welt, die nach dem Dreifeldzugklappprinzip funktioniert. Gaarden entwickelte sich erst in den 1860er Jahren, nach der Gründung dreier großer Werften auf dem Ostufer, vom Dorf zum Stadtteil. Das große Werftgelände in Kiel-Gaarden kann man lediglich von außen anschauen, am besten aber vom Westufer oder von einem Fördedampfer aus. An das alte Dorf Gaarden, ein großes Gartengebiet, erinnern noch heute idyllische Grünanlagen wie der Volkspark. Das Viehburger Gehölz in Gaarden-Süd ist ein weit über hundert Jahre alter Wald mit herrlichen Spazierwegen, auf denen man auch in die Nähe des Kieler Fernsehturms gelangt. Die Promenade an der Hörn ermöglicht einen Spaziergang direkt am Wasser der Förde.

> *Mein Tipp für Liebhaber alter und neuer Schiffe:* Ein besonderes maritimes Flair genießt der Besucher Gaardens am Germaniahafen, einem Hafenbecken für schöne alte Traditionssegelschiffe. Der Name erinnert an die Germaniawerft, die sich bis zum Zweiten Weltkrieg hier befand. Von hier aus hat man auch einen guten Blick auf den Norwegenkai, von dem aus die Fährschiffe der Colorline Kiel mit Oslo verbinden. Kiel ist dank der Fährverbindungen nach Schweden, Norwegen und Litauen einer der bedeutendsten Fährhäfen Deutschlands.

> *Mein gastronomischer Tipp:* Forstbaumschule, Düvelsbeker Weg 46, 24105 Kiel; www.forstbaumschule.de: In dem sehr urigen Traditionsrestaurant und Parkcafé mit großem Biergarten in einem der ältesten und größten Parkanlagen Kiels kann man Burger, Pizza und deutsche Klassiker wie Currywurst und viele andere leckere Gerichte bestellen.

Adresse: Alter Markt, 24103 Kiel

www.kiel.de

www.kiel-sailing-city.de

www.sh-tourismus.de/kiel

www.kieler-woche.de

www.kiel-wiki.de/Vieburger_Gehölz

www.museumshafen-germaniahafen-kiel.de

Kieler Förde

Auch jetzt bliesen die Winde ziemlich stark aus der Gegend von Kiel, wohin wir wollten, so daß wir fünf ganze Tage über einer Reise brauchten, die man sonst zuweilen in vierundzwanzig Stunden macht. Das beste war, daß ich nicht große Eile hatte, daß gute Gesellschaft war und daß wir alle reichlich mit gutem Proviant versehen waren. Einer meiner Freunde in Kopenhagen hatte mir befohlen, ruhig zu sein, er wolle mit dem Schiffer wegen der Überfahrt schon alles in Richtigkeit bringen, daß ich Kajüte und Bett bekäme. Ich war also ruhig gewesen und hatte mich um nichts bekümmert. Aber es ging nicht so gut wie mit dem Proviant; ich mußte für mein Zutrauen in seine Vorsicht ohne Bette auf dem ersten besten Kasten schlafen, welches auf alle Weise ebenso schlimm war als ehemals die Pökelei auf den englischen Transportschiffen nach Amerika in den Kolonienkrieg. Ich zog mich die zweite Nacht von dem Kasten unter den Tisch, wo ich mich dann wiegen ließ, soviel der Sturm wollte. ...

Sehr inhuman werden die Leute auf dem Verdecke behandelt, gewissenlos hart. Es war September; die Luft ist um diese Zeit schon rauh und kalt, zumal in dieser Gegend, zumal auf der See. Es waren ungefähr achtzehn gemeinere Leute auf dem Verdecke. Diese waren die ganze Zeit über dem kalten Regen und dem einschlagenden Seewasser ausgesetzt. Eine solche

Überfahrt ist fast soviel als ein Feldzug; kein Dach, keine Decke, kein Stückchen Segeltuch. Unten im Raum waren Kaufmannswaren. Wir hörten Heulen und Zähneklappern unter den Leuten, und überall war Fieberschauer. ...

Wir konnten die Inseln gar nicht loswerden: Moen und Langeland und Falster, und wie die Nester alle heißen, waren uns ewig im Gesichte; und wir glaubten alle Stunden links hinüber nach dem Mecklenburgischen geworfen zu werden. Endlich leierten wir uns doch bis auf einige Entfernung von der Kieler Festung Friedrichsort herein; aber es ging unerträglich langsam. Da kam ein Fischerboot, das einige von der Gesellschaft aufnehmen und einbringen wollte; ... und wir fuhren, was die Arme der Fischer vermochten, herein in die Stadt. Die keilförmige Bucht von Kiel, von welcher wahrscheinlich die Stadt den Namen hat, macht bei der Einfahrt einen schönen Anblick. Rechts die Festung und der Kanal und der Wald und links einige schöne Dörfer mit schön gruppierten Bergschluchten. Ich hatte nicht geglaubt, daß hier ein so starker Schiffbau wäre, als ich fand. Der Hafen hält bis an die Stadt sehr große Fahrzeuge.

Johann Gottfried Seume: Mein Sommer 1805. 1806, Seite 233-238.

Schon der Dichter Johann Gottfried Seume berichtet 1805 von dem starken Schiffsverkehr auf der Kieler Förde und von dem beherrschenden Schiffbau. Sein Hauptaugenmerk aber gilt der ziemlich strapaziösen Überfahrt von Kopenhagen nach Kiel, einer bedeutsamen Schiffsverbindung zwischen Dänemark und Holstein, um diese Zeit noch mit Hilfe von Segelschiffen. Die ersten Dampfschiffe waren erst ab 1826 auf dieser Linie eingesetzt.

Fritz Stoltenberg: Der ehemalige Handelshafen in Kiel, um 1895

Die Kieler Förde ist der Grund für die Entstehung der Stadt, denn ihr Gründer Graf Adolf IV. von Schauenburg wählte diese Halbinsel mit einem flachen Moränenhügel, um eine leicht zu sichernde Stadtanlage und einen sicheren Hafen anzulegen. Die langgestreckte Förde und der natürliche Tiefseehafen am Ende der Förde, die so genannte Hörn, schien ihm ein hervorragender, leicht zu verteidigender und geschützter Ausgangspunkt für den Seehandel zu sein. Die siebzehn Kilometer lange Förde ist durch die Gletscherbewegungen der letzten Eiszeit entstanden und öffnet sich über die Außenförde zur Ostsee. Am Ostufer mündet die Schwentine in die Förde, am Westufer endet mit den Holtenauer Schleusen der Nord-Ostsee-Kanal an der Förde.

Durch die Kieler Förde verlief ehemals die Grenze zwischen den früheren Herzogtümern Schleswig und Holstein. Die Orte nördlich des Nord-Ostsee-Kanals wie Holtenau, Friedrichsort,

Schilksee, Strande und Bülk gehören zum Landesteil Schleswig, die Stadtteile südlich des Kanals und auf dem Ostufer zum Landesteil Holstein.

Warum sich ein Besuch der Kieler Förde lohnt!

Den regen Schiffsverkehr auf der Kieler Förde zu beobachten, ist ein äußerst spannendes Erlebnis, für jeden Fremden, aber auch für die Kieler selbst. Handelsschiffe durchqueren die Förde vor oder nach der Passage durch den Nord-Ostsee-Kanal, Auto- und Personenfähren sind auf dem Weg von und nach Skandinavien, Hafenfähren, Segel- und Motorboote schippern über die Förde.

Mit den Fördeschiffen gelangt man auf bequemem Weg in die Seebäder an den Ufern der Kieler Förde. Auf dem Ostufer reihen sich nach dem Werftgelände und dem Ostuferhafen die Orte Mönkeberg, Kitzeberg und Heikendorf aneinander, von denen vor allem der letztere eine zwar kleine, aber umso schönere idyllische Strandbucht neben dem markanten U-Boot-Ehrenmal aufweist. Weiter an der Förde entlang folgen das Ostseebad Laboe mit seinem Marine-Ehrenmal, dem U-Boot 995, den Fischerei- und Yachthäfen sowie die Urlaubsorte Stein, Wendtorf und Heidkate. In all diesen Orten stehen Strandkörbe für die Urlauber, und man kann an den schönen Stränden liegen und baden.

Am Westufer folgen aufeinander die Orte Friedrichsort/Falckensteiner Strand, Schilksee und Strande, in denen die Strände immer viele Badegäste anlocken. Der Falckensteiner Strand, der dünenreiche und größte Sandstrand Kiels,

Kieler Hafen

ist nur fünfzehn Kilometer von der Innenstadt entfernt. Alle Arten von Wassersport werden hier angeboten. Von hier aus sind perfekte Radrouten in alle Himmelsrichtungen möglich. Direkt am Strand ist seit 2006 ein Hochseilgarten für mutige und geschickte Kletterer eingerichtet. An den Naturstrand schließt sich eine Steilküste an.

> *Mein Tipp für alle an Landesgeschichte Interessierten:* Die Überreste der alten, vom dänischen König angelegten Festung Friedrichsort sind zwischen dichtem Gehölz vom Falckensteiner Strand aus zu entdecken. Manchmal finden in der Festung besondere Veranstaltungen statt, und ab und an gibt es einen Tag der Offenen Tür in diesem Kulturdenkmal von nationaler Bedeutung; dann werden Führungen durch diese letzte Seefestung Deutschlands aus dem 17. Jahrhundert angeboten.

> **Mein gastronomischer Tipp:** Strandhotel, Strandstraße 21, 24229 Strande; www.strandhotel.de: Das geschmackvoll eingerichtete Restaurant bietet aus den großen Fenstern oder von der Terrasse aus einen traumhaften Blick auf die Strander Bucht und begeistert mit köstlicher regionaler und qualitativ sehr hochwertiger Küche.

Adresse: Uferweg 2, 24226 Heikendorf; Falckensteiner Strand, 24159 Kiel

www.kiel-travel.de/Regionales/Kieler-Foerde

www.kiel-sailing-city.de/kieler-foerde-entdecken/strandorte

www.ostsee-schleswig-holstein.de/kieler-foerde-probstei

www.urlaub-abc.de/ostsee/kieler-foerde

http://www.apt-holtenau.de/holtenau-info/history/festung-friedrichsort

Kronshagen - Alte Heerstraße

Wer vor einigen hundert Jahren von Kiel nach Eckernförde reisen wollte, mußte die Stadt über die Schevenbrücke und den Großen Kuhberg verlassen. Am heutigen Exerzierplatz war bereits freies Feld, über das ein schlechter Landweg zunächst am Galgen- und am Schreventeich entlang führte. Zwischen diesen beiden Teichen lag damals die sogenannte „Schweineweide", und quer durch diese führte der Weg.

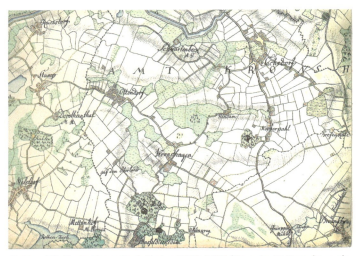

Gustav Adolf von Varendorf: Karte, 1789-1796 (Ausschnitt Kronshagen)

Aus dem 6. Jahrzehnt des 18. Jahrhunderts besitzen wir wenigstens ein Kartenbild von der alten Eckernförder Heerstraße in ihrer Erstreckung von Kiel bis an die Levensau, und zwar in dem 1766 von dem Landmesser J.F. Thießen aufgemessenen „Grundriß von dem gesamten Kieler Stadtfeld" und in dessen Fortsetzung auf der von P. Claußen 1764 gezeichneten Karte des Gutes Kronshagen. Zunächst entspricht die Fluchtlinie des von Knicks und einem Grasstreifen umsäumten, auf der Kieler Strecke ziemlich breiten Weges, der 1844 gebauten heutigen Chaussee bis zur Reinigungsanstalt, neben welcher etwa bis 1900 noch das 1770 erbaute Chausseehaus stand. Hier nahm die Heerstraße, der Fluchtlinie des hier einmündenden Brunswiker Weges (heute Gutenbergstraße) sich anpassend, ihre Richtung auf den Eichhof; der Grenzstein zwischen Kiel und Kopperpahl hat vor dem Garten der heutigen Friedhofs-Inspektor-Wohnung gestanden. ... Doch kehren wir nach dieser Abschweifung nach Kopperpahl zurück, wo der alte Heerweg bei „Weidmannsruh" wieder in die anfängliche Fluchtlinie einbog. Hier lag im 18. Jahrhundert der Schlagbaum, dessen Einnahme der jeweilige Krüger gepachtet hatte. Anders als in der preußischen Zeit waren die Schlagbäume im 18. Jahrhundert mit Braunrot und Teer gestrichen.

Arthur Gloy: Aus Kiels Vergangenheit und Gegenwart. Ein Heimatbuch für jung und alt. Kiel 1926. Robert Cordes Verlag. Seite 362-364.

Der Kieler Lehrer und Heimatforscher Arthur Gloy beschreibt in seinem Text den Reiseweg von Kiel nach Eckernförde über den Kronshagener Ortsteil Kopperpahl. Er erwähnt ebenfalls den Friedhof Eichhof.

Kronshagen wurde 1271 erstmals urkundlich erwähnt. Das Dorf Kopperpahl gelangte als erstes Stadtdorf 1297 in den Besitz der Stadt Kiel. 1572 wurde es dem Gut Kronshagen zugeschlagen, aber 1768 nach der Parzellierung des Gutes wurden die Dörfer Kopperpahl, Kronshagen und Hasseldieksdamm wieder angelegt. Kopperpahl erstreckte sich entlang der Eckernförder Straße und ist ein Ortsteil der heutigen Gemeinde Kronshagen. Das Amt Kronshagen (1768 - 1867) wurde von einem Amtsmann von Bordesholm aus verwaltet, der jeden Monat nach Kronshagen kam und in dem alten Amtshaus Gericht hielt. 1889 wurde der Amtsbezirk Kronshagen aus den Dörfern Kopperpahl, Suchsdorf, Ottendorf, Hassee mit Winterbek, Hasseldieksdamm, Russee und Wik, die seit der Jahrhundertwende 1900 alle als Stadtteile zu Kiel gehören, sowie den beiden Gütern Schwartenbek und Projensdorf gebildet. Aufgrund des starken Wachstums des Reichskriegshafens Kiel setzte um 1900 auch in Kronshagen eine rege Bautätigkeit ein. Der Landwirt Claus Volbehr verkaufte 1910 seinen Besitz entlang der Kieler Straße an die „Gartenstadt-Terrain-Gesellschaft Kronshagen in Kiel", die das Konzept der Gartenstadt Kronshagen entwickelte, deren Siedlungsstruktur überwiegend aus Einfamilienhäusern besteht. Im Jahr 1900 wurde auch der Parkfriedhof Eichhof angelegt, der mit seinen über neununddreißig Hektar der größte Friedhof in Schleswig-Holstein ist mit weitreichender historischer, künstlerischer, ökologischer und städtebaulicher Bedeutung.

Warum sich ein Besuch Kronshagens lohnt!

Neben dem kleinen und ruhigen Naherholungsgebiet des Domänentals mit seinen Wiesenflächen, bewaldeten Bereichen und einem kleinen See und etwa viereinhalb Kilometer langen idyllischen Spazierwegen ist es vor allem der zwischen 1898 und 1900 auf einem ehemaligen Ziegeleigelände angelegte Parkfriedhof Eichhof, der nicht nur Angehörige der dort Bestatteten, sondern auch Besucher anzieht. Die von dem Architekten Wilhelm Voigt entworfene, vor dem Zweiten Weltkrieg prächtige und repräsentative Friedhofskapelle im neogotischen Stil mit einer überdimensionalen Kuppel wurde ebenfalls im Jahr 1900 eingeweiht. Auf dem Friedhofsgelände finden sich einige wenige Mausoleen. Als 1954 der St.-Jürgen-Friedhof am Kieler Hauptbahnhof aufgelöst wurde, wurden einige besondere Grabdenkmäler und Grabplatten auf den Eichhof überführt. Dazu gehören die Gräber einiger Prominenter wie das gemeinsame Monument für den dänischen Dichter Jens Immanuel Baggesen und den Kieler Philosophieprofessor Carl Leonhardt Reinhold sowie die Grabmale des Komponisten Carl Loewe, des Rechtshistorikers Niels Nikolaus Falck und des Arztes und Politikers Franz Hermann Hegewisch. In der sogenannten „Ruhestätte der Opfer der Revolution" sind Opfer des Kieler Matrosenaufstandes von 1918 beigesetzt. Weitere Kriegsgräberstätten sind ebenfalls auf dem Eichhof angelegt. Unter den bekannteren Persönlichkeiten, die auf dem Eichhof ihre Ruhestätte haben, befinden sich zum Beispiel der Mediziner Friedrich von Esmarch und der Soziologe Ferdinand Tönnies.

> *Mein Tipp für Fans von außergewöhnlicher Flora und Fauna:* Der Parkfriedhof ist nahezu ein riesiger botanischer Garten, einer der pflanzenreichsten Friedhöfe in Europa, und beherbergt eine der ältesten und bedeutendsten Baumsammlungen Norddeutschlands, ein wahres Arboretum, mit mehr als vierhundertdreißig verschiedenen und oft sehr seltenen und exotischen Gehölzen. Der erste Friedhofsinspektor Emil Feldmann pflanzte von 1900 bis 1930 die meisten der heute über hundert Jahre alten Raritäten auf dem etwa vierzig Hektar großen Gelände, das auch durch seine reichhaltige Fauna zum Anziehungspunkt für Naturfreunde geworden ist. Mehr als achtzig Singvogelarten kann man bei einer von Ornithologen geführten Wanderung über den Friedhof beobachten.

Kapelle auf dem Eichhof in Kronshagen

> *Mein gastronomischer Tipp:* Königstein, Kieler Straße 2, 24119 Kronshagen; www.restaurant-koenigstein.de: In einem gemütlichen Ambiente und mit familiärem Flair wird in diesem Restaurant traditionelle deutsche Küche geboten. Von diesem Haus am Rand der Gemeinde Kronshagen ist es nicht weit nach Kiel.

Adresse: Parkfriedhof Eichhof, 24119 Kronshagen

www.kronshagen.de

www.kronshagen.de/unser-kronshagen/historisch/geschichte

www.friedhof-kiel.de/friedhoefe/eichhof

www.kiel.de/de/kultur_freizeit/kiel_erkunden/kulturspuren/kulturspuren_daenemark_rundgang/parkfriedhof_eichhof

Bordesholm - Kloster

Die traurige Gegend wollte uns jedoch nicht behagen, wir eilten also schnell fort, bis wir den Einfelder und Bordesholmer See, links mit dem anmuthigen Dorfe Einfeld, weiter hin Mühlbrook, und in der Ferne die kleine, aber schöne Klosterkirche von Bordesholm zu Gesicht bekamen.

Hoch liegende Oerter und weit ausgedehnte Aussichten sind immer den Ausschweifungen der Einbildungskraft günstig. Als wir die links von uns liegenden Landseen, die eine unterhaltende, aber wenig bevölkerte Fläche darstellten, überschaueten, dachten wir zufällig daran, gelesen zu haben, daß sie als die Quellen oder der Ursprung des Eider-Flusses anzusehen seyen, und sogleich sahen wir im Geiste sie schon mit Schiffen und Booten bedeckt. ...

Wir behielten den Bordesholmer See den größten Theil des Weges über zur Linken im Gesichte, indem er, so wie auch die malerische Klosterkirche, zwischen den Gehölzen, die seine Ufer beschatten, bald zum Vorschein kam, bald wieder verschwand.

Julius Fürst: Blick auf Bordesholm, 1895

Bordesholm ist vor Zeiten ein Mönchskloster gewesen. Die alten Chronikenschreiber berichten uns, daß, nachdem der heilige Vicelin im Jahre 1154 gestorben, und in Neumünster, oder Faldera begraben war, die Mönche des Klosters Neumünster im Jahre 1332 ihren Wohnort nach Bordesholm verlegten, bei welcher Gelegenheit sie die Gebeine des frommen Mannes mit dahin nahmen. Aber jetzt ist hiervon nichts mehr zu finden. ...

In der Kirche ist das Grabmal der Herzogin Anna, gebornen Markgräfin zu Brandenburg, Gemahlin des nachmaligen Königs Frederik I.

James Edward Marston (Peregrinus pedestris): Der Holsteinische Tourist oder Wegweiser für Fußreisende in der Umgegend von Hamburg. Hamburg 1833. Verlag Perthes & Besser. Seite 229-230.

James Edward Marston hebt in seinem Wanderführer von 1833 vor allem die Lage und die Entstehungsgeschichte des Klosters und der Klosterkirche von Bordesholm hervor.

Für das 1127 von Vicelin gegründete Augustiner-Chorherrenstift in Neumünster, das zunächst die Mission der Wenden in Wagrien zur Aufgabe hatte, aber auch ein Hospital und eine Schule für den Priesternachwuchs unterhielt, wurde die wirtschaftliche Lage aufgrund des unfruchtbaren Bodens der Umgebung immer schwieriger. Als 1264 auch noch ein Brand die Klostergebäude heimsuchte, erteilte der Erzbischof die Genehmigung zur Umsiedlung des Stifts. Die Chorherren errichteten auf einer Insel im Bordesholmer See, die sie durch Dämme landfest machten, eine Kirche und Klostergebäude. Das Kloster Bordesholm entwickelte sich bald zu einem geistlichen und zugleich kulturellen Zentrum. 1566 wurde das Stift im Zuge der Reformation säkularisiert und in eine evangelische Fürstenschule umgewandelt, in der die jüngeren Chorherren fortan unterrichtet werden sollten. 1665 wurde diese Gelehrtenschule mitsamt ihrer Bibliothek nach Kiel verlegt und in die von Herzog Christian Albrecht von Schleswig-Holstein neu gegründete Universität integriert. Die verfallenen Klostergebäude wurden im 19. Jahrhundert abgerissen, während die Klosterkirche erhalten blieb.

Warum sich ein Besuch der Klosterkirche Bordesholm lohnt!

Bordesholm und das ganze Gebiet um den Ort herum sind ein vielbesuchtes Ziel. Der langgestreckte Backsteinbau der Klosterkirche Bordesholm, eine dreischiffige Hallenkirche ohne Turm, beeindruckt durch seine schlichte rein gotische Form. Der Bau des Gotteshauses wurde 1309 begonnen und 1332 abgeschlossen, im Laufe des 15. Jahrhunderts zunächst

Klosterkirche Bordesholm

um ein, später um zwei Joche erweitert, so dass er nun aus sechs Jochen besteht. Im 17. Jahrhundert wurde an der Südseite eine Gruft ergänzt. Das Innere wird nach oben mit einem spätgotischen Kreuzrippengewölbe abgeschlossen.

Im Inneren der Kirche sind besonders das schöne Chorgestühl von 1509 zu beachten sowie das spätgotische über zwei Meter hohe Triumphkreuz aus dem 15. Jahrhundert. Im ersten südlichen Seitenraum steht ein spätgotischer Schnitzaltar aus der Zeit um 1500, der Augustinus-Altar. Im ersten nördlichen Seitenraum ist ein spätgotischer dreiflügeliger Bildaltar, der so genannte Kirchenväter-Altar, aufgestellt. Der ursprüngliche Hauptaltar von Hans Brüggemann wurde 1666 in den Schleswiger Dom überführt. Der heutige Hauptaltar von 1727 zeigt einen großen spätbarocken Aufbau. Aus der gleichen Zeit stammt die kupferne Taufe mit einem Deckel, der durch eine Taube bekrönt wird.

Der Mittelgang wird beherrscht durch das bedeutendste spätgotische Grabmal des Landes, eine Bronzetumba mit den liegenden Figuren von Herzogin Anna von Brandenburg, die unterhalb des Grabmals im Grabgewölbe bestattet ist, und ihrem Mann Herzog Friedrich I. von Schleswig-Holstein-Gottorf, der allerdings nicht hier, sondern im Schleswiger Dom beigesetzt ist.

Die berühmte Bordesholmer Linde vor der Kirche ist auch in ihren gestutzten Resten nach wie vor eine Sehenswürdigkeit. Vom Platz der Linde aus sind schöne Spaziergänge oder Wanderungen möglich. Der Wanderweg um den Bordesholmer See mit einer Fläche von siebzig Hektar bietet auf etwa zehn Kilometern und befestigten Wegen abseits der Hauptstraßen das Erlebnis einer einzigartigen idyllischen Landschaft. Informationstafeln geben Auskunft über die Besonderheiten des Sees.

Im Eidertal, das durch die eiszeitlichen Gletscher geformt wurde, begegnet der Wanderer einer außergewöhnlichen Kulturlandschaft. Das naturbelassene Gebiet wird den Bedürfnissen der Landwirte für eine extensive Weidewirtschaft hier genauso gerecht wie den Interessen von Naturschützern und Wanderern.

> *Mein Tipp für eine besondere Wanderung:* Der nahe Eiderwanderweg führt zu zwei bemerkenswerten Brücken. Die älteste Eisenbrücke Schleswig-Holsteins ist die 1865 konstruierte Blaue Brücke als Verbindung zwischen Techelsdorf und Grevenkrug. Bei Reesdorf überquert eine steinerne Brücke von 1803 die Eider und führt in ein Landschaftsschutzgebiet mit Feuchtwiesen, auf denen seltene Heckrinder und Koniks (Wildpferde) weiden.

> *Mein gastronomischer Tipp:* See-Café, Heintzestraße 36, 24582 Bordesholm; www.see-cafe-bordesholm.de: In dem gemütlichen kleinen Café und auf der schönen Gartenterrasse mit großartigem Ausblick auf den Bordesholmer See werden ganz leckere hausgemachte Kuchen und Torten serviert.

Adresse: Klosterkirche Bordesholm, Lindenplatz, 24582 Bordesholm

www.kirchebordesholm.de

www.gemeinde-bordesholm.de

www.bordesholmer-land.de

www.bordesholmer-land.de/eidertal-wanderweg

www.baumkunde.de/baumregister/1068-dinggerichtslinde_in_bordesholm

Neumünster

Neumünster zählt 50600 Einwohner, ist die Industriestadt Schleswig-Holsteins und liegt im Mittelpunkt der Provinz. Es treffen sich hier sieben Eisenbahnlinien. Die Stadt ist mit der Bahn von allen Seiten leicht zu erreichen. Auf fast allen Eisenbahnstationen der Umgebung werden verbilligte Sonntagskarten nach Neumünster ausgegeben. Es führen aber auch gut ausgebaute Verkehrsstraßen aus allen Richtungen nach Neumünster. Durch seine zentrale Lage bietet die Stadt günstigste Gelegenheit für Tagungen und Kongresse mit auswärtigen Teilnehmern. ...

Neumünster ist bekannt durch seine neuzeitlich ausgebauten Industriewerke, die der Stadt das Gepräge regen Gewerbefleißes geben. Tuche, Leder, Trikotagen, alle Arten von Bekleidungen, Stahl- und Eisenguß, Aluminium-, Kokos- und Papiererzeugnisse werden hergestellt und finden im In- und Auslande besten Absatz.

Die Stadt liegt in einem Grüngürtel, der im Süden in den großen Halloher Forstanlagen verläuft und einzigartige

Julius Fürst: In den Anlagen von Neumünster, um 1895

Ausflugsmöglichkeiten in ein ausgedehntes Waldgebiet bietet. Im Osten sind es idyllische Dörfer mit schönen Buchenwaldungen, die mit den uralten Eichen der Bothkamper Besitzungen abschließen. Im Westen sind es die Heidelandschaften bis zu den Glasbergen, und im Norden sind es Seen und Waldungen mit der alten Bordesholmer Klosterkirche, die als nächste Ausflugsziele zu empfehlen sind. ...

Sehenswert ist die alte Vizelinkirche in klassizistischem Baustil, vom Baumeister Hansen, Kopenhagen, erbaut, mit ihrem stilgerechten Innenausbau. Renck's Park, inmitten der Stadt, zeigt dem Besucher schöne gärtnerische Anlagen mit altem Baumbestand.

Eisenbahn-Gesellschaft Altona-Kaltenkirchen-Neumünster (Hg.): Wanderbuch durch Mittelholstein. Hamburg um 1938. Verlag Ködner. Seite 88, 92.

In dem Wanderbuch der Eisenbahn-Gesellschaft wird auf die zentrale Lage Neumünsters als Verkehrsknotenpunkt und als Industriestadt hingewiesen, aber ebenso auf die schöne Umgebung der Stadt und die zahlreichen Ausflugsziele.

Neumünster, mit etwa achtzigtausend Einwohnern die fünftgrößte Stadt Schleswig-Holsteins, war schon früh durch seine Lage am legendären Ochsenweg ein bedeutender Verkehrsknotenpunkt und ein Zentrum der Tuch- und Lederindustrie. Der Name Neumünster ist auf das von Vicelin, dem Bischof von Oldenburg und Missionar der ostholsteinischen Slawen, 1127 erbaute Kloster „Novum Monasterium" (Neues Münster) zurückzuführen.

Neumünster, wegen seiner bedeutenden Textilindustrien früher auch Schleswig-Holsteins „Manchester" genannt, blickt wegen der zentralen Verkehrslage der Stadt und des weichen Wassers der Schwale auf eine lange Tradition der Tuchmacherei zurück, von der schon im 18. Jahrhundert ein Viertel der eintausendfünfhundert Einwohner der Stadt lebte. Allmählich entwickelte sich daraus die Textilindustrie und zugleich auch der Standort der Maschinenfabriken zur Herstellung und Wartung der Maschinen. Beispiel war die arbeitskräfteintensive Textilfabrik Renck, deren Eröffnung zu einem erheblichen Bevölkerungswachstum der Stadt beitrug. Mit dem Import einer Dampfmaschine mit acht PS aus England machte der Fabrikant Hans Lorenz Renck 1824 seine Textilfabrik zum fortschrittlichsten und größten Betrieb im damaligen dänischen Gesamtstaat. Natürlich profitierte der Industriestandort Neumünster auch von dem Anschluss an die Kiel-Altonaer Chaussee 1832 und die Eisenbahnlinie 1844, für die die Stadt zum Eisenbahnknotenpunkt wurde.

Warum sich ein Besuch Neumünsters lohnt!

Neumünster ist bekannt durch seine Industriegeschichte, aber die Stadt bietet viel mehr. Sie ist reich an Kirchen. Die besuchenswerte Vicelinkirche wurde nach einem Entwurf des berühmten dänischen Baumeisters Christian Frederik Hansen in den Jahren 1829 bis 1834 erbaut und gilt als bedeutendster klassizistischer Kirchenbau in Schleswig-Holstein und als Wahrzeichen Neumünsters. Die Anscharkirche von 1912 mit eindrucksvollen Jugendstilornamenten erinnert an den „Apostel des Nordens" Ansgar. Ebenfalls im Jugendstil wurde 1893 die katholische St.-Maria-St.-Vicelin-Kirche erbaut.

Aber Neumünster hat noch weitere Sehenswürdigkeiten zu bieten, wie das neugotische Rathaus von 1900 im Zentrum der Stadt, das 1746 für den einstigen Amtsverwalter Caspar von Saldern erbaute Caspar-von-Saldern-Haus als ältestes Gebäude der Stadt, das die Musikschule der Stadt beherbergt, sowie mehrere denkmalgeschützte Häuser aus dem 18. und 19. Jahrhundert, wie das Kösterhaus, ein Kontorhaus von 1912, gegenüber dem Rathaus, das Haus Westphalen, ein Bürgerhaus im Fachwerkstil um 1770, oder das Hinselmannhaus von 1788.

Die spannende Geschichte der Textilindustrie in Neumünster wird im Museum Tuch+Technik anhand originaler Maschinen präsentiert. Die Villa Wachholtz ist ein Museum mit wechselnden Kunstausstellungen und dem Gerisch-Skulpturenpark im Stil eines englischen Landschaftsgartens mit zahlreichen modernen Skulpturen.

Ein Besuch des nahen Dosenmoors ist zu jeder Jahreszeit ein besonderes Erlebnis. Es bieten sich Rundtouren in verschiedener Länge auf gekennzeichneten Wegen zum Wandern oder Spaziergehen an, bei denen man die Gummistiefel nicht vergessen sollte. Geführte Wanderungen durch dieses große Hochmoor mit spannenden Einblicken in diesen besonderen Naturraum bietet das Info-Zentrum Dosenmoor an, das in einem ehemaligen Torfwerk in der Nähe des Dosenmoors eingerichtet wurde und die Besucher über Entstehung und Geschichte des Moores aufklärt.

> *Mein Tipp für einen lohnenswerten Abstecher*: Am Ostufer des nahe gelegenen Einfelder Sees, um den ein etwa acht Kilometer langer wunderschöner Rundweg führt, laden kleine Badestrandabschnitte ein. An seinem Westufer sind Reste einer Wallanlage aus dem 9. bis 10. Jahrhundert zu finden, die Margarethenschanze oder Einfelder Burg.

> *Mein gastronomischer Tipp*: L.O.K.S. - Restaurant, Einfelder Schanze 3, 24536 Neumünster; www.loks-restaurant.de: In der interessanten Atmosphäre dieses schlicht, aber sehr nett eingerichteten Restaurants in einem ehemaligen Bahnhofsgebäude wird ein ausgezeichnetes Essen serviert.

Spinning Jenny, Museum Tuch + Technik Neumünster

Adresse: Museum Tuch + Technik, Kleinflecken 1, 24534 Neumünster; Dosenmoor, Am Moor 99, 24536 Neumünster

www.neumuenster.de/kultur-freizeit/tourismus/tourismus-in-nms

www.tuchundtechnik.de

www.gerisch-stiftung.de/park

www.dosenmoor.eu/das-moor

www.neumuenster.de/kultur-freizeit/tourismus/aktiv-in-neumuenster/natur-erleben/einfelder-see

www.seen.de/einfelder-see

Schwentine

Die Schwentine ist ein Flüßchen, das einer Seengruppe des östlichen Holsteins entfließt und eigentlich von Preetz an diesen Namen erst führt. Sie durchläuft ein hügeliges Terrain, hat meistens hohe Ufer und stellenweise ein starkes Gefälle, so daß ihr Wasser unter Rieseln und Rauschen in einem oft mit Felsblöcken erfüllten Bette herunterströmt. Sie hat vor allen kleinen Flüssen des Landes den Charakter eines Gebirgsflüßchens, darum auch das Thal, in dem sie fortfließt, so anziehend. Im Sommer ist es immer viel besucht. – Wir schlagen folgende Route vor. Man fahre mit der Eisenbahn bis zur Station (Anhaltestelle) Raisdorf ... und gehe ohne Aufenthalt von der Eisenbahn auf die Chaussee und auf dieser entlang eine kurze Strecke in der Richtung nach Preetz. Gleich links führt ein Landweg nach dem Dorfe Rosenfeld, das wir nach einer Viertelstunde erreichen. Hier fließt die Schwentine unmittelbar am Dorf entlang, eine Brücke führt uns über dieselbe. Wir nehmen unsern Weg links durch das Dorf, und gehen, beim letzten Häuschen links angekommen, einen an demselben vorübergehenden Fußsteig, der anfangs über eine etwas feuchte Wiese, bald darauf aber an dem bewaldeten Uferrand der Schwentine fortführt. Hier wird der Weg höchst anmuthig. ... Dort angekommen, wende man sich um, und nun hat man eine reizende Partie vor sich. Im Grunde die Mühle, dahinter der hohe bewaldete Uferrand, rechts hinauf das Thal und der blanke Spiegel des Flusses, der neben der Mühle bei hohem Wasserstand eine brausende Caskade bildet, vor der Mühle die steile Thalwand, buschbewachsen und nach der linken Seite zwischen den Thalrändern die offene Landschaft; - ein Bild, das wol großartiger, aber gewiß nicht lieblicher so leicht gefunden wird.

Schwentine bei der Oppendorfer Mühle, etwa 1920

Marx Wilhelm Fack: Kiel und seine Umgebung. Ein Führer durch Stadt und nächste Umgebung für Freunde der schönen Natur. Kiel 1867. G. v. Maack's Verlag, Seite 40-41.

Marx Wilhelm Fack schlägt in seinem Stadtführer über Kiel und die Umgebung der Stadt eine Wanderung an der Schwentine vor, die von Raisdorf in Richtung Preetz führt, und schwärmt von dem idyllischen Lauf des Gewässers, das er als „Gebirgsflüsschen" bezeichnet. Er schreibt in einer Zeit, in der man noch auf der nur von Kutschen befahrenen Chaussee ungestört wandern konnte.

Die Schwentine, die in der Nähe des Bungsbergs entspringt, ist mit ihren achtundsechzig Kilometern einer der längsten Flüsse Schleswig-Holsteins. Sie fließt durch die gesamte Holsteinische Schweiz bis in die Kieler Förde. Der idyllische Fluss hat eine erhebliche Bedeutung für die Industrialisierung der Stadt Kiel. Zwei Wasserkraftwerke wurden im

Zusammenhang mit der Werftgründung angelegt. Für die Trinkwasserversorgung Kiels wurde ein Wasserwerk eingerichtet. Heutzutage dient die Schwentine eher dem Freizeitwassersport. Zwischen Raisdorf und Klausdorf ist an einem Altarm des Flusses ein Naturschutzgebiet ausgewiesen.

Der Name „Schwentine" ist vom slawischen Sventana abgeleitet und bedeutet „die Heilige". Einst wurde sie von den Slawen als ihr Heiliger Fluss verehrt. Im Mittelalter markierte der Fluss den Limes Saxoniae, die natürliche, wehrhafte Grenze zwischen deutschem und slawischem Siedlungsraum.

Warum sich ein Besuch der Schwentine lohnt!

Eine Wanderung am Flusslauf der Schwentine zeigt viele Aspekte von der eiszeitlichen Entstehung über die Nutzung als Wasser- und Energiequelle bis zum Lebensraum für seltene Pflanzen und Tiere und zur Nutzung als Wander- und Erholungsgebiet. Der Fluss entstand vor etwa 20.000 Jahren als eiszeitliches Durchbruchstal. Schmelzende Toteisblöcke bildeten zunächst Seen und später Durchbrüche. Startend an der Schwentinemündung in Kiel-Neumühlen, wo ein großer Mühlenbetrieb, die Öl- und Lohmühle Holsatiamühle, existierte, führt ein Wanderweg auf das hohe Ufer des tief eingeschnittenen Schwentinetals. Die zu dem Fluss abfallenden Hänge sind mit Hainbuchen, Eschen und Erlen bewachsen. Statt des Wanderweges kann auch die Schwentinetalfahrt auf dem Boot genutzt werden, um das erste Ziel, die Oppendorfer

Alte Schwentine bei Depenau

Mühle mit ihrem Traditionslokal, zu erreichen. In dem anschließenden etwa neunzehn Hektar großen Naturschutzgebiet „Altarm der Schwentine" ist der Lebensraum unterschiedlicher Pflanzen und Tiere zu beobachten.

Schließlich wird die Rastorfer Mühle erreicht, 1904 als Wasserkraftwerk für die Kieler Schiffswerft Howaldt gebaut, um den wachsenden Strombedarf der Werft zu decken.

Fünf Jahre später wurde ein weiteres Wasserkraftwerk am Rosensee errichtet. Diese beiden historischen Wasserkraftwerke stehen als Industriedenkmale unter Schutz. Der angrenzende Wildtierpark Schwentinental ist ein kostenfreies tolles Ausflugsziel. Am gestauten Rosensee gibt es einen Bootsverleih für Tretboote. An dem wunderschönen Uferweg hier spürt man das Gefälle der gemächlich dahinfließenden Schwentine kaum.

> *Mein Tipp für einen Ort der Stille:* Dem reizvollen Flusslauf folgend erreicht man nach einigen Kilometern das Gut Neuwühren, wo die winzige Waldkapelle „Zum ewigen Trost" zur Andacht einlädt. Die Weiterwanderung durch die eindrucksvolle Moränenlandschaft führt zum Waldrand des Rönner Geheges, das zum Klosterforst Preetz gehört. Nun kann die Wanderung weitergehen bis nach Preetz, von dessen Bahnhof man den Zug nach Kiel nehmen kann, oder aber über das Wildgehege Raisdorf kann der Fußrückweg nach Kiel angetreten werden.

> *Mein gastronomischer Tipp:* Oppendorfer Mühle, Möhlenweg 9, 24232 Schönkirchen; www.oppendorfer-mühle.de: Das traditionsreiche Ausflugslokal direkt an der Schwentine ist perfekter Ausgangspunkt für Wandern, Radtouren und Kanufahren und bietet gute deutsche Küche.

Adresse: Oppendorfer Mühle, Möhlenweg 9, 24232 Schönkirchen; Rastorfer Mühle, 24223 Schwentinental

www.malente-tourismus.de/holsteinische-schweiz/schwentine

www.oppendorfer-mühle.de

www.holsteinischeschweiz.de/tour/schwentine-wasserwanderweg

www.ostsee-schleswig-holstein.de/kanurevier-schwentine

www.kanuinfo-schwentine.de/routenvorschlaege

www.schleswig-holstein.nabu.de/natur-und-landschaft/nabu-schutzgebiete/altarm-schwentine

www.wildpark-schwentinental.de

Preetz - Kloster

Preetz (slavisch Porez, d.h. am Flusse) ist ein freundliches, an der Schwentine gelegenes Städtchen mit 5000 (mit dem Kloster und anliegenden Gehöften 5470) Einwohnern. Von Gewerben wird hier hauptsächlich Wurstmacherei, Schusterei und Weberei betrieben. ...

Am nordöstlichen Ende der Stadt liegt der Klosterhof inmitten eines schönen Parkes. Das Kloster wurde um 1200 als Nonnenkloster gegründet. Seit der Reformation ist es eine Stiftung für die Töchter des schleswig-holsteinischen Adels. Ehemals gehörte die ganze Propstei zum Kloster sowie die westlich liegenden Walddörfer. Zum Kloster gehören außer der Priorin und dem Propsten 40 Konventualinnen. Unter den vielen Klostergebäuden sind bemerkenswert die Schule, die Wohnungen, die landwirtschaftlichen Gebäude mit dem großen Klosterstall und vor allem die sehenswerte Kirche aus dem 13. Jahrhundert. Das Innere entspricht, besonders im Chor, ganz der Art katholischer Klosterkirchen. Alte Malereien an den Wänden; aufgedeckte Fresken. Der Hauptaltar zeigt eine in Italien angefertigte Kopie eines Bildes von Rafael. Am Eingang ein Schnitzaltar von hohem Kunstwert von Hans Gudewerdt, der aus Dänischenhagen hierher gelangte. Der Altar sollte dem Kieler Museum überwiesen werden!

Vor dem Kloster in der Kieler Straße befindet sich ein Denkmal für den verstorbenen Klosterpropst Graf F. von Reventlow, der 1848 Mitglied der provisorischen Regierung und 1849-51 Statthalter der Herzogtümer war, ein mannhafter Kämpfer für die bedrohten Landesrechte.

Richters Reiseführer: Ostholstein. Die holsteinische Schweiz. Die Seebäder. Die Städte Kiel und Lübeck. Hamburg 1912-13. Verlagsanstalt und Druckerei-Gesellschaft. Seite 28-29.

Manches an der Beschreibung des Klosters Preetz in Richters Reiseführer von 1912 trifft sogar noch in der Gegenwart zu, zumindest was die äußere Erscheinung des Klostergeländes und der Gebäude betrifft.

Das Kloster Preetz wurde um 1210 unter dem dänischen Statthalter in Holstein Graf Albrecht von Orlamünde als Benediktinerinnenkloster gegründet. Noch vor der Schlacht von Bornhöved, in der der Schauenburger Graf Adolf IV. den dänischen König besiegte und Holstein zurückgewann, überließ Adolf IV. 1226 dem Kloster ein nahezu viertausend

Julius Fürst: Das Kloster Preetz, um 1895

Hektar großes Waldgebiet sowie Siedlungsland nordöstlich der Kieler Förde, die Probstei, und stellte sich dadurch selbst als Gründer dar.

Die Flüsse Mühlenau und Schwentine sowie ein Wassergraben sicherten die Anlage, die außer der Klosterkirche und den Wohngebäuden aus einem Wirtschaftshof mit Scheunen und Ställen sowie einer Wassermühle bestand. Nach der Reformation wurde das Kloster 1542, wie auch die Nonnenklöster Itzehoe, Uetersen und St. Johannis in Schleswig, in ein adeliges Damenstift der schleswig-holsteinischen Ritterschaft überführt, das der Versorgung von Töchtern adliger Familien diente und bis in die Gegenwart weiter besteht.

Warum sich ein Besuch des Klosters Preetz lohnt!

Hier kann man in einem lebenden Denkmal wandeln, denn alle Gebäude des Klosters Preetz stehen unter Denkmalschutz. Auf dem weitläufigen und parkähnlichen Gelände stehen die sechsundzwanzig einzelnen Backstein- oder Fachwerkhäuser, unter denen besonders das Priorinnenhaus von 1847, Klosterhof 6, das Propstenhaus von 1838, Klosterhof 8, sowie das Torhaus von 1737, Klosterhof 1, hervorzuheben sind. Zum Kloster gehört ein ausgedehntes Waldgebiet, der Klosterforst Preetz.

Nach einem Brand wurde die ursprüngliche Klosterkirche in der heutigen Gestalt von 1325 bis 1340 als dreischiffige gotische Backsteinstutzbasilika wiederaufgebaut, deren schlichtes Äußeres durch kräftige Stützpfeiler geprägt ist. Die Kirche gehört zu den schönsten Kunstdenkmälern des Landes. Das beeindruckende Innere der Klosterkirche ist durch den hohen, lichten einjochigen Chor mit polygonalem Abschluss bestimmt und durch das Mittelschiff mit seinen hohen, spitzbogigen Arkaden und dem Kreuzrippengewölbe. Der ehemalige Nonnenchor ist durch eine halbhohe Mauer von der Laienkirche getrennt und zeigt ein schönes gotisches Chorgestühl.

Die im 12. Jahrhundert gegründete Kleinstadt Preetz bietet dem Besucher die Stadtkirche aus den 1720er Jahren sowie kleinere Museen wie das Heimatmuseum mit Exponaten zu regionaler Archäologie, Stadtgeschichte und örtlichem Handwerk. Im Preetzer Holzschuhmuseum können in der renovierten Werkstatt eines Holzschuhmachers der Herstellungsprozess sowie die Historie der Preetzer Holzschuhe untersucht werden.

Preetzer Klosterkirche

> *Mein Tipp für eine abwechslungsreiche Wanderung:* Der äußerst vielfältige Kultur- und Naturerlebnispfad Schusteracht stellt auf der Karte eine Acht dar, deren Schnittpunkt Preetz bildet. Der Wanderer hat die Wahl zwischen der Nordschleife, die einen Rad-, Reit- und Wanderweg mit einer Länge von rund dreißig Kilometern beschreibt, und der südlichen Schleife mit etwa dreiunddreißig Kilometer Länge. Egal, welchen Weg man nimmt, am Rande überraschen verschiedene Kulturdenkmale und natürliche Sehenswürdigkeiten wie die Naturschutzgebiete Kührener Teich und Pohnsdorfer Stauung.

> **Mein gastronomischer Tipp**: Schuster-Stübchen, Bahnhofstraße 3, 24211 Preetz; www.schusterstuebchen.de: Das kleine Restaurant bietet einen Mittagstisch sowie hausgemachte deutsche Küche, auch vegan, sowie verschiedene Kuchen und knusprige belgische Waffeln an.

Adresse: Klosterhof 5, 24211 Preetz

www.preetz.de

www.schusterstadt-preetz.de

www.klosterpreetz.de

www.museum-preetz.de

www.schusteracht.de

www.holsteinischeschweiz.de/tour/rosenseetour-preetz

Laboe

Laboe – hat eine sehr angenehme Lage am Kieler Hafen, und auf den Anhöhen am Strande sehr reizende Aussichten. Man sieht die Festung Friedrichsort, die Packhäuser an der Mündung des Kanals, selbst Kiel, und auf der andern Seite das jenseitige Gestade und das freie Meer. Die Fischerkathen liegen sehr romantisch, terrassenförmig am Gestade, und in dem höher liegenden Dorfe gewährt in Friedenszeiten die Menge aus- und einsegelnder Schiffe einen sehr interessanten Anblick. Die Beschützung des Hafens machte die Anlegung einer Batterie

Strandpartie in Laboe um 1905

auf dem Laboer Felde, Friedrichsort gegen über, nothwendig, deren Besatzung den Sommer über in Erdhütten kampirt.

Die Fischer, deren hauptsächlicher Fang in Seebütten, Dorschen und Makrelen besteht – letztere, vordem so häufig, sind in den letzten Jahrzehenden hier eine Seltenheit geworden – führen diese theils nach Kiel, theils verkaufen sie solche in hiesiger Gegend, theils, und besonders die Dorsche im Herbst und Winter, in Hamburg. Sie verfahren auch, in Friedenszeiten, Getraide und Obst nach Flensburg und weiter, und dienen eingehenden fremden Schiffen, auf ihr Verlangen, als Lootsen. Für die Verpflichtung, den Strand fleißig zu beobachten, und besonders Strandungsfälle der klösterlichen Obrigkeit sogleich anzuzeigen, sind die Dorfeingesessenen von mehreren öffentlichen Arbeiten eximirt und befreit.

J. Taillefas: Skizzen einer Reise nach Holstein besonders der Probstey Preetz im Sommer 1817. Hamburg 1819. Verlag des Verfassers und in Commission bey O.K.T. Busch, in Altona, Königl. privilegirtem Buchhändler, gedruckt bey Hartwig und Müller, Seite 162-163.

J. Taillefas schwärmt in seinen Reiseskizzen aus dem Jahr 1817 von den Charakteristika und Vorzügen des Fischerdorfes Laboe und berichtet von den verschiedenen Tätigkeiten der überwiegend in der Fischerei tätigen Bevölkerung.

Laboe liegt an der Kieler Förde und gehörte seit 1226 zum Kloster Preetz und damit zu der alten Kulturlandschaft Probstei. Es war ursprünglich ein Rundangerdorf („Rundling"), in dem die einzelnen Höfe um einen kreisförmigen Platz, den Dorfanger, angeordnet waren. Der Name Laboe ist slawischen Ursprungs und bedeutet „Lubodne", „Schwanenort". Ein Schwan ist deshalb auch das Wappentier des Ortes.

Schon 1817 bauten die Fischer eine erste Landungsbrücke in die Kieler Förde, 1850 wurde auf Initiative der Fischer, Schiffer und Bootsführer ein richtiger Bootshafen eingerichtet. Seit 1875 ist Laboe Ostseebad, und der ursprünglich ländliche Charakter ging mehr und mehr verloren.

Warum sich ein Besuch des Ostseebades Laboe lohnt!

Laboe strahlt zwar noch immer den Charme der alten Zeit aus, ist aber längst kein reines Fischerdorf mehr, sondern ein modernes Seebad, das einen feinen breiten Sandstrand bietet, dazu zwei große Yachthäfen mit über siebenhundert Liegeplätzen, auch immer noch einen interessanten Fischer- und Gewerbehafen. Hier kann der Besucher Ausflugsfahrten ins Meer unternehmen, Hochseeangelfahrten buchen, Segelschiffe chartern oder seinen Segelschein in einer Segelschule erwerben oder surfen lernen.

Laboer Ehrenmal

Eine lange Promenade und viele Gaststätten laden zum Spaziergang ein. Nicht zu vergessen ist das sensationelle Laboer Marine-Ehrenmal, das in Gedenken an die gefallenen Seeleute des Ersten Weltkriegs 1927 errichtet wurde und dessen zweiundsiebzig Meter hohen Turm aus Granit und Ziegelstein man besteigen kann. Zum Glück führen Fahrstühle hinauf. Die Aussicht auf die Kieler Förde und auf die Probstei ist fantastisch. Die „Historische Halle", eine unterirdische Gedenkhalle, präsentiert marinegeschichtliche Exponate und Schiffsmodelle. Neben dem Ehrenmal steht auf dem Strand das fünfundsechzig Meter lange U-Boot U 995, 1943 auf der Hamburger Werft Blohm & Voss erbaut, das seit 1972 als technisches Museum viele Besucher anlockt.

Eine acht Hektar große Dünenlandschaft macht Laboe zum zweiundvierzigsten Naturerlebnisraum in Schleswig Holstein, dessen vornehme Aufgabe es ist, die Natur zu schützen und zugleich Touristen den Naturraum nahezubringen.

Laboe ist ein optimaler Startpunkt für viele Wander- und Radtouren. An der Kieler Förde entlang geht der Fördewanderweg stadteinwärts bis Heikendorf und Mönkeberg.

> *Mein Tipp für eine ausgedehnte Küstenwanderung*: Ein anderer äußerst reizvoller Weg führt vom Laboer Hafen in die andere Richtung vorbei am Marine Ehrenmal zur Steilküste der Nachbargemeinde Stein und von dort weiter nach Wendtorf, zum Naturschutzgebiet Bottsand, zum Barsbeker See oder zum Strand von Heidkate und schließlich hinter dem sechs Kilometer langen Deich bis zu den Strandbädern Brasilien, Kalifornien und Schönberger Strand. Dort legen an der zweihundertsechzig Meter langen Seebrücke sogar Ausflugsschiffe an.

> *Mein gastronomischer Tipp:* Fisch-Küche, Hafenplatz 1, 24235 Laboe; www.fischkueche-laboe.de: Von der Terrasse dieses zünftigen Fischrestaurants unmittelbar am Laboer Hafen hat man die Fischkutter direkt im Blick und kann auf den fangfrischen Fisch warten, der in der offenen Küche individuell zubereitet wird.

Adresse: 24235 Laboe

www.laboe.de

www.ostsee-schleswig-holstein.de/laboe

www.probstei.de/laboe

www.ostsee.de/laboe/marine-ehrenmal

www.deutscher-marinebund.de/marine-ehrenmal-u-995/marine-ehrenmal

www.laboe.de/natur

www.laboe-ostsee.de/foerdewanderweg

www.schoenberg-ostseebad.de/schoenberger-strand

Probstei

Die älteste Geschichte des Districkts, der in Holstein vorzugsweise „die Probstey" heißt, verliert sich in Dunkelheit. Auch darf dies nicht befremden, da der Districkt, an und für sich zu klein, kein Volk enthält, das sich durch Kriegsthaten auszeichnete, oder sich sonst eine historische Merkwürdigkeit errang. Ja, er war höchstwahrscheinlich in frühern Zeiten, in denen schon die Bewohner mehrerer Gegenden Holsteins sich historisch merkwürdig machten, nur theilweise bewohnt. Aeußerst wahrscheinlich sind die Novalia in der ersten Urkunde des Klosters Preetz, der Schenkungsacte des Lübeckischen Bischoffs Berthold vom Jahre 1220 hier zu suchen. Auch in dem Diplom des Herzogs Albert von Sachsen vom Jahre 1232, wodurch derselbe des Grafen Adolphs IV. Stiftung des adelichen Frauenklosters zu Preetz, als Lehnsherr desselben bestätigte, ist ein ansehnlicher Theil der jetzigen Probstey, von der Hagener Au bis an die Schmoler Gränze, mit: Wald und Wiese bezeichnet. So manche innere Spuren bestätigen diese Ansicht.

Was zuerst die Waldungen betrifft: so haben sich nicht nur die Namen mehrerer Hölzungen, an denen einst diese Gegend so reich gewesen seyn muß, bis auf unsere Zeit erhalten, sondern selbst Zeitgenossen haben noch das allmählige Hinschwinden einst beträchtlicher Waldungen erlebt. Ja, es haben sich hierüber in den einzelnen Dörfern glaubwürdige Traditionen erhalten. So weiß man von dem Dorfe Bentfeld, daß auf diesen itzt so fruchtbaren Feldern an 400 Schweine in die Mast gejagt wurden, und von dem Dorfe Fahren, auf dessen Feldern itzt vorzüglich üppige Saaten prangen, daß das ganze erst spät urbar gewordne Feld größtentheils Wald und Morast, wie das Dorf selbst, Wohnung von Kohlebrennern und Fischern war.

Auch findet man noch zuweilen auf den Feldern mehrerer Dörfer in Mergelgruben, und Moorwiesen, oft sechs bis acht Fuß tief, ganze Schichten von Eichbäumen auf und über einander gelagert, eine Erscheinung, die doch wohl den

Julius Fürst: Schönberg in der Probstei, um 1895

vormaligen Überfluß an Waldungen hinlänglich beurkundet. Betrachtet man überdieß die große Reihe von salzen Wiesen, die von Wenddorf an bis zu Schmoler Gränze am Gestade der Ostsee das Ackerland der Probstey umringen, so überzeugt man sich, wie sie nur durch Abgrabung in den Stand gesetzt werden konnten, Menschen und Vieh zu tragen, und wie sie erst durch allmählige Kultur ihre jetzige Brauchbarkeit erhielten.

Der Name „Probstey" beweist, daß die eigentlich historische Existenz dieses Völkchens erst mit dem Zeitpunckt beginnt, da es dem Kloster Preetz untergeben war. Der Name ist erst aus dem 13ten Jahrhundert, und bedeutet bestimmt einen Districkt, über den der p.t. Probst des Klosters Preetz zu sagen hat.

J. Taillefas: Skizzen einer Reise nach Holstein besonders der Probstey Preetz im Sommer 1817. Hamburg 1819. Verlag des Verfassers und in Commission bey O.K.T. Busch, in Altona, Königl. privilegirtem Buchhändler, gedruckt bey Hartwig und Müller, Seite 92-95.

Im Jahr 1817 reiste der Litauer J. Taillefas, von Norden kommend, durch die Gegend nordöstlich der Kieler Förde und warf einen sehr genauen Blick auf Land und Leute in der Probstei.

Die Besonderheit der kleinen Kulturlandschaft Probstei war ihre Zugehörigkeit zum Kloster Preetz, dem Graf Adolf IV. von Schauenburg 1226 noch vor seinem Sieg bei Bornhöved das Gebiet schenkte und es dem Klostervorsteher, dem „praepositus" (Propst), unterstellte.

Während die Dörfer um die Probstei herum in den Besitz des Adels gerieten und die Bauern zu Leibeigenen wurden, waren die Probsteier freie Erbpächter ihrer Hufen und konnten, auch wenn sie Abgaben, den Zehnten, an das Kloster leisten mussten und auch zu Hofdiensten verpflichtet waren, unter der milden und liberalen Verwaltung durch das Kloster ein freies und selbstbewusstes, auch wohlhabendes Bauerntum entwickeln. Erst mit der preußischen Zeit in Schleswig-Holstein ab 1867 endete die Zusammengehörigkeit von Kloster Preetz und Probstei, die in den Besitz staatlicher Behörden überging. Neben dem Hauptort Schönberg gehören zwanzig Dörfer wie Barsbek, Laboe, Probsteierhagen und Stakendorf zur Probstei.

Warum sich ein Besuch der Probstei lohnt!

Die Natur- und Kulturlandschaft Probstei ist nach wie vor schon etwas Besonderes. Neben der Landwirtschaft prägt heutzutage immer mehr der Tourismus diese alte Kulturlandschaft, die direkt an die Ostsee grenzt. Die schönen Strände liegen an der Kieler Bucht, zum Beispiel in Laboe,

Knicklandschaft in der Probstei

Schönberger Strand und Stakendorf. Lange Wanderungen auf dem Deich oder am Strand, aber auch ausgiebige Ausflüge in das weitgehend noch ursprünglich belassene Hinterland lohnen allemal. Auch mit dem Fahrrad kann man die Region mit ihren Dörfern, Mühlen und Herrenhäusern ganz wunderbar erkunden. Eine der aufsehenerregendsten Veranstaltungen in der Probstei sind alljährlich im Sommer die Korntage mit dem Strohfigurenwettbewerb in den zwanzig teilnehmenden Gemeinden.

Zu den wichtigsten Orten in der Probstei zählen Schönberg, Laboe und Probsteierhagen. Auf jeden Fall lohnt sich ein Besuch bei einem der Probsteier Museen. Schönberg besitzt eine schöne 1782 erbaute Backsteinkirche sowie das Probstei Museum mit restaurierten Hofanlagen, Bauerngarten und Grünanlagen, das Einblicke in die bäuerliche Wohnkultur des 19. und frühen 20. Jahrhunderts bietet, und das Kindheits-Museum, in dem man alles findet, was Kinder seit 1890 bis heute glücklich macht. Laboe ist überregional bekannt durch das Marine Ehrenmal und das U-Boot. In Probsteierhagen steht das kleine Schloss Hagen aus dem 17. Jahrhundert, das seit 1969 ein Kultur- und Veranstaltungszentrum beherbergt.

> **Mein Tipp für alle großen und kleinen Eisenbahnfans:** Am Museumsbahnhof am Schönberger Strand werden die herrlichen alten Museumseisenbahnen mit Dampf- und Dieselbetrieb sowie uralte Triebwagen, die auf einer reizvollen Kleinbahnstrecke verkehren, und auch historische Straßenbahnen die Besucher begeistern.

> **Mein gastronomischer Tipp:** Irrgarten, Alte Dorfstraße 100, 24253 Probsteierhagen; www.irrgarten.biz: Das Ausflugslokal liegt am Irrgarten, einem in Norddeutschland einzigartigen Heckenlabyrinth, und hält neben Minigolfplatz und Kegelbahn vor allem Spezialitäten aus der Region bereit, wie Sauerfleisch, Matjesfilet oder Aal in Sauer und auch leckere Gerichte für die kleinen Gäste.

Adresse: Probstei Museum, Ostseestraße 8-10, 24217 Schönberg

www.probstei.de

www.probstei-ostsee.de

www.ostsee-schleswig-holstein.de/amt-probstei

www.probstei-museum.de

www.kindheitsmuseum.de

www.schoenbergerstrand.com

www.vvm-museumsbahn.de

www.schloss-hagen.de

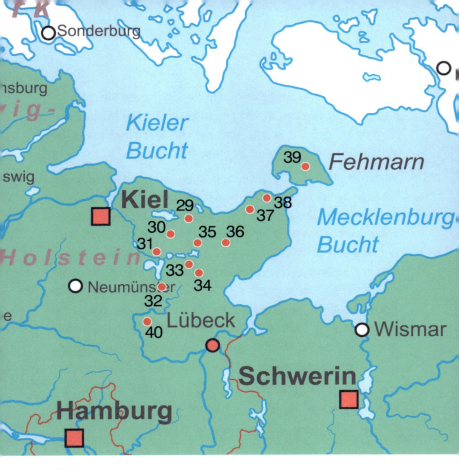

Osten

29. Lütjenburg
30. Holsteinische Schweiz
31. Plön
32. Plöner See
33. Eutin
34. Eutin-Schlossgarten
35. Ukleisee
36. Bungsberg
37. Oldenburg
38. Heiligenhafen
39. Fehmarn
40. Segeberg

Lütjenburg

Nach 10 Minuten sieht man r. den Kirchturm von Blekendorf, l. Lütjenburg von den Höhen eingefaßt im Tal liegen. Kurz vor dem Bahnhof hohe Brücke über das oft überschwemmte Tal der Kossau, an welcher die Stadt liegt. ...

Wer von der Bahnhofstraße r. abbiegend die Niederstraße hinauf über den Marktplatz nach der Oberstraße geht, hat ohne weiteres das typische Bild einer verträumten Landstadt. Kleine, oft eigenwillig und planlos hingestellte Häuser mit den Zeichen ehrwürdigen Alters. Dazwischen wieder solche neuerer Herkunft. Die Straßen schmal – Fahrdamm mit runden Kopfsteinen gepflastert und die Fußsteige oft recht bekniffen. Man glaubt sich an manchen Stellen um 100 Jahre zurückversetzt – wie ein Glück im Winkel – so anheimelnd und traut – so lieblich und still erscheinen einem unbefangenen Beobachter Straßen und Plätze unserer Stadt.

Der Marktplatz als Mittelpunkt der Stadt liegt auf mittlerer Höhe derselben, ungefähr 23 m über dem Meeresspiegel. Er teilt Lütjenburg in Ober- und Unterstadt mit Ober- und Niederstraße. Durch den terrassenartigen Aufbau gewinnt die Stadt einen besonderen Charakter – man achte beim Rundgang auf die an den Abhängen malerisch gelegenen Häuser. Die ganze Stadt fügt sich auch hier der umliegenden buckligen Welt ein!

Um den Marktplatz herum gruppieren sich mehr oder weniger schön die verschiedenartigsten Häuser. Denken wir uns in die Mitte einen alten Rolandbrunnen – eine Mauer um das Ganze – und vor uns steht das Bild des gesicherten mittelalterlichen Städtchens.

Julius Fürst: Lütjenburg um 1895

Verkehrs- und Verschönerungsverein (Hg.): Lütjenburg in Ostholstein. Führer durch Stadt und Umgegend. Schleswig 1926. Druckerei Jul. Bergas. Seite 1-2.

In dem Fremdenführer durch Lütjenburg wird das Bild einer kleinen, verträumten Landstadt und typischen mittelalterlichen Stadt gezeichnet.

Wie die zahlreichen Großsteingräber in der Umgebung beweisen, war die Gegend um Lütjenburg bereits seit der Jungsteinzeit besiedelt. Die Stadt ging schließlich aus einer slawischen Siedlung hervor. In der Zeit der Schauenburger Grafen und ihrer Besiedlungsunternehmungen entstand um 1150 die erste Kirche Lütjenburgs, um die sich schnell ein Marktort entwickelte. Nach der Verleihung des Stadtrechts um 1230 wurde mit dem Bau der heute noch stehenden Kirche begonnen, der ältesten Backsteinkirche im Ostseeraum, die seit der Reformation St. Michaelis heißt.

Im Mittelalter war Lütjenburg weitgehend eine Ackerbürgerstadt, d.h. etliche Bürger betrieben neben ihrem eigentlichen Beruf als Handwerker oder Händler auch Landwirtschaft.

Von der Kossauniederung steigt die Stadt Lütjenburg bis zu einigen beachtlichen Hügeln auf, vom Vogelberg oder dem Mühlenberg mit jeweils etwa sechzig Metern bis zum Pielsberg mit einhundertachtundzwanzig Metern und den Höhen „Strezer Berg" mit einhundertdreiunddreißig Metern.

Warum sich ein Besuch Lütjenburgs lohnt!

Ein Juwel ist sie, die Kleinstadt Lütjenburg, denn sie hat nicht nur eine besondere Atmosphäre, sondern ist auch reich an besonderen Sehenswürdigkeiten. Ursprünglich in romanischem Stil erbaut wurde im 12. Jahrhundert die St. Michaeliskirche, wohl die älteste Backsteinkirche im Ostseeraum, die im Stil der Frühgotik, der Spätgotik und der Renaissance jeweils erweitert und verändert wurde. Der Taufstein ist so alt wie die Kirche selbst, das Triumphkreuz, der Altar und die Kanzel stammen aus dem 15. und 16. Jahrhundert.

Das älteste profane Gebäude Lütjenburgs ist das so genannte „Färberhaus", ein wunderschönes 1576 errichtetes Fachwerkhaus am Marktplatz. Weitere alte Häuser sind das „Senatorenhaus" (1581), der „Alte Posthof" (1609), die Verlagsdruckerei Klopp (1672), die „Königlich-privilegierte" Apotheke (1680), die „Alte Schmiede" (1720), die Schmiede am Markt (ursprünglich 1780, ein Nachbau), das Rathaus (1790) und das Bäckerhaus (1790).

Turmhügelburg in Nienthal bei Lütjenburg

Nicht weit von der Stadt entfernt liegen die Güter Helmstorf, Kletkamp, Neudorf, Neuhaus, Waterneverstorf und Panker mit ihren Herrenhäusern. Auf dem Gelände des sehr nahen Gutes Panker finden sich das prachtvolle Schloss aus dem Besitz der Familie der Landgrafen von Hessen, ein Trakehner-Gestüt, zahlreiche weitere Gebäude sowie das „Forsthaus Hessenstein" mit dem Aussichtsturm.

Von den Lütjenburg umgebenden Hügeln hat man nach Osten einen traumhaften Blick auf die Ostseeküste der Hohwachter Bucht, in Richtung Binnenland auf die abwechslungsreiche ostholsteinische Hügel- und Knicklandschaft. Auf dem Vogelberg steht der achtzehn Meter hohe „Bismarckturm". Der Pielsberg mit dem siebzehn Meter hohen Aussichtsturm „Hessenstein" und dem „Forsthaus Hessenstein" zieht ebenfalls viele Besucher an.

Im Waldgebiet der „Strezer Berge" sind mehrere Hünengräber und Langbetten aus der Jungsteinzeit und Bronzezeit zu finden. Weitere Großsteingräber gibt es zum Beispiel in Flehm, Futterkamp und Giekau.

Um Lütjenburg herum finden die Interessierten zahlreiche Landschafts- und Naturschutzgebiete, zum Beispiel um Hohwacht, Behrensdorf und Blekendorf, wie das NSG „Kleiner Binnensee und angrenzende Salzwiesen", das NSG „Sehlendorfer Binnensee" oder das NSG „Kossautal", das unmittelbar an die Stadt grenzt. Touristenziele in der Nähe Lütjenburgs sind auch das Ostseebad Hohwacht sowie die Ferienorte Blekendorf und Behrensdorf.

> *Mein Tipp für Freizeithistoriker*: Außerhalb der Stadt locken das Eiszeitmuseum Touristen zum Besuch sowie die Rekonstruktion einer mittelalterlichen Turmhügelburg in Nienthal. Hier finden sich einige mittelalterliche Gebäude wie ein Wohn-Stallgebäude, eine Schmiede oder ein Ritterhaus aus der Zeit um 1250.

> *Mein gastronomischer Tipp*: Gasthaus zur Twiete, Kurze Twiete 4, 24321 Lütjenburg; www.speisekarte.de/lütjenburg/restaurant/gasthaus_zur_twiete: Das kleine gemütlich eingerichtete Lokal in der Nähe des Lütjenburger Marktplatzes bietet gute Hausmannskost mit fairer Preisgestaltung.

Adresse: Marktplatz, 24321 Lütjenburg

www.stadt-luetjenburg.de

www.eiszeitmuseum.de

www.turmhuegelburg.de

www.aufgutpanker.de

www.schleswig-holstein.nabu.de/natur-und-landschaft/nabu-schutzgebiete/kleiner-binnensee

www.kossautal.de/Naturschutz/allgemein

www.hohwachterbucht.de

Holsteinische Schweiz

Holsteins Gegenden haben wegen ihrer gemilderten Lage, ohnstreitig viele Vorzüge für andere Gegenden. Sanfte Reitze bezaubern hier, und reissen dem Anschauer, durch ihre frohen heitern Eindrücke unwillkürlich hin; dahingegen Helvetiens weitberühmte Gegenden nichts als stumme Bewunderung und Erstaunen erzwingen können. An Grösse, Pracht und Schönheit haben diese Gegenden ohnstreitig Vorzüge für jenen, allein alle diese erhabene Vorwürfe sind hier zu sehr gehäuft, dahingegen das Auge dort der sanfter lächelnden, mildern auseinander gezogenen Schönheiten mehr mit Entzücken geniessen kann. Ich glaube also das Holsteins Gegenden ein nicht unwürdiges Pendent zur Schweitz abgeben, mit dem Unterschied, dass man in letztern lauter erhabene Scenen antrifft, da erstere nichts als mildere und gefällige Aussichten liefern. – Wann dort ein wilder brausender Strom herabstürzt, und durch sein rauschendes Getöse Schauer erweckt, so gewährt hier ein ruhiger See, dem Auge das Bild der ländlichen Ruhe; voll Entzücken ruht der Reisende, hier unter dem

Schatten einer erhabenen hundertjährigen Eiche, und sieht dem Spiel der sanften Wellen zu. – Wenn dort der schroffe herab hängende Felsen, der mit seinem Einsturz droht, ihm Grausen erweckt, so erholt er sich hier an dem Anblick der sanft fortlaufenden welligten Berge. Doch wozu soll ich Reitze anpreisen, die ein jeder diesen Gegenden so gerne eingesteht? warum soll ich Schönheiten zergliedern, welche, die mehresten, und auch Sie kennen? Das vorzüglich Eigenthümliche dieser Gegenden, sind die kleinen Landseen, welche Hollstein bewässern, und die Schönheit dieser Gegenden ausnehmend erhöhen. Angenehme Wälder tragen durch ihr abwechselndes Grün, nicht wenig zur Verschönerung bey, und die sanft hinwallenden Berge, vollenden den Zauber, welcher sich über diese Gegenden ergiesst.

Heinrich August Grosch: Briefe ueber Holstein. Kopenhagen 1790. Seite 23-25.

Heinrich August Grosch sieht in seinen Briefen über Holstein die Landschaft der Holsteinischen Schweiz als durchaus ebenbürtiges Pendant zur „echten" Schweiz. Viele Regionen Deutschlands erhielten im 19. Jahrhundert den Namenszusatz „Schweiz", um ihre besondere Schönheit hervorzuheben.

Die Naturlandschaft Holsteinische Schweiz als Teil der Jungmoränenlandschaft des Östlichen Hügellands ist ein Ergebnis der Weichsel-Eiszeit. Sie ist in ihren Grenzen nur ungenau zu beschreiben, sie liegt überwiegend in den Kreisen Plön und Ostholstein zwischen den Städten Kiel und Lübeck. Größere Orte wie Preetz, Lütjenburg, Plön, Malente, Eutin und Oldenburg in Holstein gehören zu dieser Landschaft. Die höchste Erhebung der Holsteinischen Schweiz ist der

Adolf Friedrich Vollmer: Blick von Stöfs über den Großen Binnensee, 1827

einhundertachtundsechzig Meter hohe Bungsberg bei Schönwalde. Zwischen den niedrigen Hügeln der Landschaft liegen über zweihundert Seen, durch die auch mehrere Flüsse ziehen wie die Schwentine. Zu den bekanntesten Seen zählen folgende in der Reihenfolge ihrer Größe: Großer Plöner See, Selenter See, Kellersee, Dieksee, Lanker See, Behler See, Postsee, Kleiner Plöner See, Großer Eutiner See, Stocksee.

Im Mittelalter war die Region der Holsteinischen Schweiz zunächst von den slawischen Wenden besiedelt. Vom 9. Jahrhundert an gehörte sie zum Frankenreich. Im Zuge der Kolonisierung des Gebietes entstanden die ersten Herrensitze der Siedlungsunternehmer, die späteren adeligen Güter. Diese Gutslandschaften prägen die Holsteinische Schweiz in besonderer Weise bis heute. Plön und Eutin entwickelten sich zu Residenzstädten.

Blick vom Bungsberg über die Holsteinische Schweiz

Warum sich ein Besuch der Holsteinischen Schweiz lohnt!

Ein wahres Paradies für Wanderer ist die Holsteinische Schweiz, dieses Land der unzähligen Seen. Aber auch Radfahrer finden in der Holsteinischen Schweiz ein weites Netz von Radwegen oder kaum befahrenen Landstraßen und Feldwegen. Der Naturparkweg verbindet die fünf Naturparks in Schleswig-Holstein.

Schöne Wanderungen führen zu den eindrucksvollen Schlössern, Herren- und Gutshäusern der Holsteinischen Schweiz, wie zum Beispiel Panker, Testorf, Rantzau oder Hagen in Probsteierhagen. Einige der Schlösser wie die in Eutin oder Plön sind auch zu besichtigen. Manche Konzerte des Schleswig-Holstein Musik Festivals oder auch verschiedene Herbst- und Weihnachtsmärkte finden auf den Gutshöfen statt.

Idyllische Kleinstädte öffnen sich gerne für die Besucher und bieten sich als Ausgangspunkt für Wanderungen an, wie die Schusterstadt Preetz an der Schwentine, Plön an dem wunderschönen großen See, Eutin mit seinen vielen Sehenswürdigkeiten oder Malente als Kur- und Kneippbad, ein Paradies für Schwimmer, Paddler, Segler, Radfahrer und Wanderer. Mehrere große Seebäder an der Ostsee liegen in der unmittelbaren Umgebung.

> *Mein Tipp für alle Wasserliebhaber*: Die großen Seen der Holsteinischen Schweiz werden teilweise durch Ausflugsschiffe erschlossen, wie die der Fünf-Seen-Fahrt auf den Seen zwischen Plön und Bad Malente, und bieten vielfältige Möglichkeiten für verschiedene Wassersportarten.

> *Mein gastronomischer Tipp*: Bootshaus am Dieksee, Diekseepromenade 4, 23714 Malente; www.boots-haus.de: In dem Fachwerkhaus Fischerhütte mit urigen Holzbalken, kleinen Fenstern und gemütlichen Sitzecken oder in der Bootshalle mit hellem Holz und klaren Formen im nordischen Stil oder auf der Seeterrasse mit der unvergleichlichen Panorama-Aussicht über den Dieksee werden leckere Spezialitäten aus der norddeutschen Küche angeboten.

Adresse: 23714 Bad Malente-Gremsmühlen

www.holsteinischeschweiz.de

www.naturpark-holsteinische-schweiz.de

www.sh-tourismus.de/holsteinische-schweiz

www.malente-tourismus.de

www.naturparkwanderweg.de

Plön

Plön, holsteinische Kreisstadt, mit 5000 Einwohnern, liegt auf einer Landenge zwischen dem großen und kleinen Plöner See und ist eine der ältesten Städte Schleswig-Holsteins. Der Name Plön kommt von Plunen, einer slavischen Burg, welche in heidnischer Zeit auf einer der im See gelegenen Inseln gestanden haben, im Jahre 1139 jedoch von den Holsteinern zerstört sein soll. 1173 erbaute Graf Adolf II. auf dem Bischofsberge ein Schloß, welches im 15. Jahrhundert mitsammt der Stadt von Lübeckern geplündert und niedergebrannt wurde. Das jetzige Schloß, 1613 erbaut, war verschiedentlich von dem Herzog Peter von Oldenburg bewohnt, sowie, nachdem es 1761 an Dänemark kam, auch von König Christian VIII. 1866 fiel es an Preußen und dient seit 1867 als Kadettenschule. Die Schloßterrasse, vor Allem aber der Schloßthurm bieten einen prachtvollen Ueberblick. Vor der Erbauung des Schlosses stand hier das Heiligthum des Wendengottes Podoga. Die Schoßcapelle wie auch die Gruft ist auf Veranlassung der Kaiserin renovirt worden. In der Gruft ruhen bekanntlich die Vorfahren der Kaiserin. Empfehlenswerth ist der Besuch des

Stadt und Schloss Plön um 1864

Schloßgartens, welcher im Jahre 1745 vom Herzog Friedrich Karl im französischen Geschmack angelegt wurde. Beim „Stern" hat man 7 verschiedene Blicke durch das Gehölz. Neues Gymnasium unter Protection Ihrer Majestät. Es führt den Namen „Augusta Viktoria-Gymnasium". ...

Plön ist unstreitig einer der schönsten Punkte in der holsteinischen Schweiz, dessen herrliche Lage von Jahr zu Jahr mehr Gäste angezogen und entzückt hat. ... Im Jagdschloß im Schloßpark wohnen gegenwärtig die kaiserlichen Prinzen Eitel Friedrich, August Wilhelm und Oskar, um hier mit Cadetten aus vornehmer Familie unterrichtet zu werden. Ueber das Leben der kaiserlichen Prinzen hört man folgendes: Die drei Kaisersöhne Eitel Friedrich, August Wilhelm und Oskar werden auf besondere Anordnung des Kaisers streng erzogen und zwar noch strenger, als sie es im Elternhause gewohnt waren.

Führer durch die Holsteinische Schweiz, Mölln, Ratzeburg etc. mit Karten, Abbildungen und einer Abtheilung für Radfahrer. Blankenese 1863. Johannes Kröger Verlag, Seite 74-75.

Im Führer durch die Holsteinische Schweiz von 1863 wird in Bezug auf die Stadt Plön ein wesentlicher Schwerpunkt dem bedeutenden Plöner Schloss zugebilligt.

Die Lage der Stadt Plön am größten Binnensee Schleswig-Holsteins, dem Großen Plöner See, und innerhalb der Seenlandschaft der Holsteinischen Schweiz mit ihren sechzehn Seen macht den besonderen Reiz dieser Kleinstadt aus. Das Plöner Schloss als eines der größten Schlösser des Landes blickt auf eine äußerst wechselvolle Geschichte zurück, von der Residenz der Herzöge von Schleswig-Holstein-Plön bis zu der Kadettenschule in der preußischen Zeit, dem späteren Internat und der heutigen Optikerschule.

Schon in slawischer Zeit wurde in „Plune", was so viel wie „eisfreies Wasser" bedeutet, eine Burg angelegt. Die spätere Veste der Schauenburger Grafen ging nach deren Aussterben in den Besitz der Schleswiger Herzöge über. 1564 wurde Johann dem Jüngeren, dem Bruder des dänischen Königs Frederik II., sein Anteil an Schleswig und Holstein und dabei auch Plön übertragen. Unter dessen Erben entstanden neue Teilherzogtümer wie das Herzogtum Schleswig-Holstein-Plön, dessen erster Herzog Joachim Ernst war, der mit Hilfe der immensen Mitgift seiner Frau, der Gottorfer Prinzessin Dorothea Augusta, ab 1632, also mitten im Dreißigjährigen Krieg, in seiner Haupt- und Residenzstadt Plön anstelle des alten Schlosses einen repräsentativen dreiflügeligen und dreigeschossigen Neubau im Stil der Renaissance erbauen ließ.

Das Schloss entwickelte sich zu einem bedeutenden kulturellen Zentrum, das seine Blütezeit unter Herzog Friedrich Karl erlebte, der es innen im Stil des Rokokos umgestalten ließ. Ab 1833 wurde in dem Gebäude eine Gelehrtenschule

Schloss Plön

eingerichtet, in der preußischen Zeit ab 1867 eine Kadettenanstalt, die unter anderem der Erziehung der Hohenzollernprinzen diente. Während des Dritten Reiches erfolgte ab 1933 die Einrichtung einer Nationalpolitischen Erziehungsanstalt (NAPOLA). Nach dem Zweiten Weltkrieg wurde das Schloss als Staatliches Internat und Gymnasium genutzt. Im Jahr 2002 ging das Schloss in Privatbesitz über und wurde zu einer Optikerschule umgebaut.

Warum sich ein Besuch Plöns lohnt!

Ein einmaliges Naturerlebnis ist die Seenlandschaft rund um die Kreisstadt Plön auf jeden Fall. Nun aber lohnt sich vor allem ein Besuch der beschaulichen Plöner Altstadt mit den „Twieten" genannten Gassen, mit den historischen Häusern, dem alten Rathaus, dem Kreismuseum in der Alten Apotheke und der im neuromanischen Stil zwischen 1866 und 1868 erbauten Nikolaikirche mit ihrem markanten Turm. Am Ufer des Plöner Sees stellen der so genannte Evolutionsweg mit elf Stationen die Entwicklung des Lebens auf der Erde dar, der Planetenpfad das Sonnensystem.

Das schon von weitem sichtbare weiße Plöner Schloss, eines der bedeutendsten Bauwerke der Renaissance in Schleswig-Holstein, thront majestätisch über der Stadt und gewährt von der Hofterrasse einen fantastischen weiten Ausblick über die Altstadt und die Plöner Seenlandschaft. Auf jeden Fall sehenswert sind auch das innen im Rokokostil gestaltete Prinzenhaus sowie der Schlossgarten, der in der Mitte des 19. Jahrhunderts von einem Barockgarten in einen englischen Landschaftsgarten umgewandelt wurde.

> *Mein Tipp für Obstfreunde:* Der herzogliche Küchengarten am Prinzenhaus wird heutzutage als Alter Apfelgarten genutzt, in dem viele historische Apfel- und auch Birnensorten angepflanzt sind.

> *Mein gastronomischer Tipp:* Brasserie am Schlossberg, Schloßberg 1-2, 24306 Plön; www.brasserieploen.de: Das historische Ambiente in diesem schönen Restaurant unterhalb des Plöner Schlosses verbindet sich in idealer Weise mit einer Vielzahl von kulinarischen Delikatessen aus der frischen mediterranen und norddeutschen Küche.

Adresse: Schloss Plön, Schloßgebiet 91, 24306 Plön

ww.ploen.de

www.holsteinischeschweiz.de/ploen

www.sh-tourismus.de/ploen

www.ostsee-schleswig-holstein.de/ploen

www.holsteinischeschweiz.de/poi/schloss-ploen

www.herrenhaeuser.sh/anwesen/herrenhaeuser/170-schloss-ploen

www.prinzenhaus-apfelgarten.de

www.ploen.de/PLÖN-erleben/Tourismus/Parnaßturm

www.test.evolutionsweg.de/standorte/ploen-schleswig-holstein

Plöner See

Großer Plöner See. Diese Tour ist nur als Wagenfahrt, für Radfahrer und für ausdauernde Fußgänger zu empfehlen. Dauer 7 ½ St. Der See ist einer der größten und tiefsten der norddeutschen Tiefebene (34 qkm). Auf der Chaussee von Plön nach Ascheberg, am Hotel Schwiddeldei vorüber, nach Dersau; weiter über Sepel, Godau und Nehmten; im Park das Schloß des Grafen von Plessen. Es empfiehlt sich, eine Promenade durch den prächtigen Park zu machen; die in der Nähe des Schlosses belegene „Mooshütte" gewährt einen schönen Ausblick über den See; weiter durch das anschließende Gehölz über Pehmen, Stadtbeck nach Bosau (Gasthaus „Frohsinn", Besitzer Diercks, Gartenwirtschaft und Kegelbahn). Besichtigung der 750 Jahre alten Vizelinskirche. Von Bosau aus wurden die ersten Schritte zur Bekehrung Ostholsteins getan. Die an Altertümern reiche Kirche hat Mauern von fast 2 m Stärke; sie ist zum größten Teil aus Findlingen gebaut. Am Vierer-See entlang führt der Weg weiter über Augsfelde nach Kleinmühlen am Heidensee, Wassermühle, Wirtshaus mit Garten. Von Kleinmühlen auf der Eutiner Chaussee zurück nach Plön.

Heinrich Lühr: Die Holsteinische Schweiz. Praktischer Führer. Griebens Reiseführer Band 97. Berlin 1909-1910. Verlag Albert Goldschmidt. Seite 31-32.

Lührs Führer durch die Holsteinische Schweiz von 1909 empfiehlt eine gut siebenstündige Wanderung um den Plöner See, die man natürlich auch in der Gegenwart noch unternehmen könnte, über Ascheberg, Nehmten bis Bosau, wo die alte Kirche als besonders sehenswert geschildert wird.

Der Große Plöner See ist mit seinen achtundzwanzig Quadratkilometern der größte und auch tiefste See Schleswig-Holsteins und der zehntgrößte Deutschlands. Entstehungsgeschichtlich ist der See ein von Gletschern geformtes Zungenbecken der Weichseleiszeit. Die mehr als zwanzig Inseln inmitten des Sees haben sich zu störungsfreien Brutplätzen verschiedener Vogelarten entwickelt wie Seeadler, Schellente, Gänsesäger und Graugans.

Die ersten Menschen siedelten als Jäger, Sammler und Fischer in der mittleren Steinzeit (ca. 10000–4300 vor Christus) am Ufer des Plöner Sees. Im Mittelalter war die Region vor allem slawischer Siedlungsraum, in dem sich auch der Name des Sees ergab: „Plune" bedeutet „eisfreies Wasser". Die berufsmäßige Fischerei fängt in dem See Aale, Barsche, Brassen, Hechte, Schleie, Karpfen, Weißfische und Maränen.

Julius Fürst: Blick auf Plön, um 1895

Warum sich ein Besuch des Plöner Sees lohnt!

Tiefblaues Wasser prägt den herrlichen Plöner See, der ein besonders beliebtes Naherholungsziel der Großstädte Kiel, Lübeck und Hamburg darstellt, wie eigentlich die gesamte Holsteinische Schweiz. Fünfzehn Badestellen und einige Campingplätze sind am Seeufer eingerichtet. Die besten Badestellen bieten die Prinzeninsel am Nordufer, Dersau am Südwestufer und Ascheberg am Westufer. Die Besucher können segeln, paddeln, rudern, surfen, tauchen, angeln. Ausflugsschiffe bieten Rundfahrten über den See an, die sehr empfehlenswert sind. Die Große Plöner-See-Rundfahrt steuert die Anlegestellen Fegetasche, Plön und Prinzeninsel an. Die Bosau-Fahrt hingegen erkundet den südlichen Teil des Großen Plöner Sees. Die Fünf-Seen-Fahrt ist eine Schiffstour auf den Seen zwischen Plön und Malente und präsentiert die einzigartige Natur der Holsteinischen Schweiz vom Wasser aus.

Die Prinzeninsel, die im 19. Jahrhundert durch künstliche Absenkung des Wasserspiegels zur Halbinsel geworden war, ist bei Ausflüglern besonders beliebt. Auch die Orte um den See wie Plön, Bosau und Dersau versprechen ganz viel Kultur und Geschichte.

Schöne Wanderwege gibt es überall rund um den See, zum Beispiel den sechs Kilometer langen Rundweg Prinzeninsel, der am Plöner Schloss und an der Seepromenade entlang führt. Oder den Holsteinische Schweiz Weg, der sich mit ungefähr fünfzig Kilometern eher für eine mehrtägige Tour eignet. Er führt durch den Naturpark Holsteinische Schweiz und verbindet Plön und Eutin. Auf der Strecke liegen Bösdorf, Malente, Schönwalde und Kasseedorf.

Mein Tipp für eine reizvolle Aussicht auf den See: Ein besonderer Ausflug gilt dem zwanzig Meter hohen stählernen Parnaßturm von 1888 auf einem kleinen Endmoränenhügel nordöstlich des Stadtzentrums von Plön, der eine herrliche Aussicht über den Plöner See und die Seenlandschaft der Holsteinischen Schweiz gewährt.

Mein gastronomischer Tipp: Strauers Hotel am See, Gerold Damm 2, 23715 Bosau; www.strauershotel.de: Mit dem Dreiklang aus einer abwechslungsreichen Küche, aufmerksamem Service und einem stimmungsvollen Ambiente wird man in dem Restaurant Seeblick oder im Sommer auch im ruhigen Garten mit der malerischen Aussicht auf den Großen Plöner See Ruhe und Entspannung finden.

Plöner See vom Parnass-Turm

Adresse: Große Plöner-See-Rundfahrt, Fegetasche-Strand 1, 24306 Plön

www.ploenersee.de

www.seen.de/grosser-ploener-see

www.holsteinischeschweiz.de/grosserploenersee

www.sh-guide.de/de/eintrag/tourist-info-grosser-ploener-see

www.grosseploenersee-rundfahrt.de

www.ich-geh-wandern.de/prinzeninsel-runde-grosser-ploener-see

www.holsteinischeschweiz.de/tour/holsteinische-schweiz-weg

Eutin

Den Bahnhof verlassen wir rechter Hand, dann links durch die Bahnhofstraße zur querenden Auguststraße, der wir links folgen. Dann gleich rechts durch die Peterstraße zum Marktplatz mit Rathaus und Kriegerdenkmal von 1870/71 sowie einer Reihe von altertümlichen Häusern, überragt von dem Turm der Michaeliskirche, ein spätromanischer Backsteinbau aus dem 13. Jahrhundert. Der Weg zum Schloßgarten führt an dem Restaurant und Hotel „Zur stumpfen Ecke" vorbei zur Lübecker Straße. Das Geburtshaus des Komponisten Carl Maria von Weber befindet sich rechter Hand (etwa 5 Minuten entfernt). Jenseits der Lübecker Straße bringt uns ein Fußweg zum Schloßgarten. Im Schloßgarten rechts und dann gleich links über eine Brücke. Linker Hand hübscher Blick auf einen Seitenflügel des Schlosses. Auf dem bei einer Platanengruppe querenden Wege linkshaltend weiter. Der Weg führt uns erst an den Wirtschaftsgebäuden, dann an einem Tempelbau mit der Büste von Carl Maria von Weber vorbei. Nun linkshaltend über die Brücke (prächtige Eiben, selten) zum Ufer des Großen Eutiner Sees mit der Fasaneninsel. Wir wandern linkshaltend am Seeufer entlang. Der Weg mündet bei der Rückseite des Schlosses in eine prächtige Allee, der früheren Trainierbahn der fürstbischöflichen Läufer. Im Hintergrunde eine weißleuchtende Statue. Im Verfolg des Weges kommen wir zur Vorderseite des malerischen Schlosses. Die Besichtigung der 25 Zimmer und Festsäle dauert etwa eine Stunde. Bei Zeitmangel werfe man auf jeden Fall einen Blick in den malerischen Innenhof mit seinem Brunnen und schönen, alten Portalen. Dann verlassen wir den Schloßgarten bei dem ehemaligen Marstall, jetzt Reit- und Fahrschule.

Wandere mit mir durch die Holsteinische Schweiz. Hamburg 1929. Hrsg. J.A.W. Gast. Seite 21-22.

Großherzogliches Schloss, Postkarte von 1915

Der Wanderführer durch die Holsteinische Schweiz beschreibt detailliert einen Rundgang durch Eutin und lobt an dieser Stadt vor allem das Schloss und den Schlosspark.

Eutin ist von mehreren Seen umgeben, unter anderem von dem Großen Eutiner See und dem Kellersee. Die erste Siedlung ist slawischen Ursprungs. Um 1300 wurde die Stadt Eutin zur Residenz der Fürst-bischöfe von Lübeck erhoben. Um die Jahrhundertwende 1800 erlebte die kleine Stadt eine kulturelle Blütezeit, als Dichter wie Friedrich Leopold zu Stolberg, Johann Heinrich Voß und Heinrich Wilhelm von Gerstenberg, der Philosoph Friedrich Heinrich Jacobi und der Goethe-Maler Johann Heinrich Wilhelm Tischbein hier lebten und den renommierten Eutiner Kreis bildeten, der der Stadt die Bezeichnung „Weimar des Nordens" einbrachte. Der berühmte romantische Komponist Carl Maria von Weber wurde 1786 hier geboren.

Warum sich ein Besuch Eutins lohnt!

Ein buntes Potpourri frühneuzeitlicher Fachwerkhäuser und auch spätklassizistischer Gebäude umgibt den historischen Marktplatz in der Altstadt Eutins. Daneben lohnt die romanische St.-Michaelis-Kirche mit gotischem Chor aus dem 12. Jahrhundert unbedingt einen Besuch. In der Nähe des Schlosses liegen dessen schöne alte Nebengebäude: das Witwenpalais von 1786, die Kreisbibliothek in der ehemaligen Wagenremise, das Ostholstein-Museum im früheren Marstall mit der Dauerausstellung „Eutin zur Goethezeit / Eutins Blütezeit um 1800" und die Eutiner Landesbibliothek im Kavalierhaus. In der nahen Stolbergstraße mit ihren Backsteinhäusern aus dem 18. Jahrhundert und den vielen Rosensträuchern befindet sich das auf einem idyllischen Grundstück gelegene Gartenhaus des Hofmalers Johann Heinrich Wilhelm Tischbein. Am westlichen Ortsrand Eutins liegt der Dodauer Forst, in dem auch die legendäre 500-jährige Bräutigamseiche mit eigener Postanschrift für Liebespaare steht.

Die Hauptattraktion der „Rosenstadt" Eutin aber ist und bleibt das Schloss mit seinen Ursprüngen im 12. Jahrhundert. Das vierflügelige Schloss geht auf eine mittelalterliche Burg zurück. Bis zum 16. Jahrhundert wurden die einzelnen Gebäude der Burg zu einem Renaissanceschloss mit unregelmäßigem Grundriss verbunden. Im Laufe mehrerer Jahrhunderte wurde dieses zur prachtvollen Residenz ausgebaut, ursprünglich für die Fürstbischöfe von Lübeck, später für die Herzöge von Oldenburg. 1689 brannte das Schloss bis auf die Grundmauern nieder, wurde aber von Fürstbischof August Friedrich von Schleswig-Holstein-Gottorf wiederaufgebaut. Im 18. und 19. Jahrhundert erlebte das Schloss eine Blütezeit und entwickelte sich zu einem barocken Fürstenhof und gesellschaftlichen und kulturellen Zentrum des Landes. Schloss und Park wurden prunkvoll umgestaltet. 1773 stiegen die Fürstbischöfe zu Herzögen von Oldenburg auf und residierten ab 1803 im Oldenburger Schloss. Nach der Abdankung des Herzogs Friedrich August II. 1918 wurde das Schloss Eutin zum Museum.

Die Flügel der asymmetrischen vierflügeligen Backsteinanlage liegen um einen annähernd trapez-förmigen, hell verputzten Innenhof auf einer von Wassergräben umgebenen Insel direkt am Großen Eutiner See. Die Front des Schlosses zeigt einen mächtigen, giebelgeschmückten Torturm sowie zwei weitere Türme an den seitlichen Flügeln.

> *Mein Tipp zur Besichtigung des Schlosses:* Unbedingt anschauen sollte man sich die im Südflügel gelegene Schlosskapelle als den bedeutendsten Raum, der auf einen ersten Kirchenraum von 1293 zurückgeht. Die Ausstattung des zweigeschossigen Raums mit einer Empore, einer Fürstenloge und einer Orgel von Arp Schnitger ist ein Werk des Gottorfer Hofbildhauers Theodor Allers und entspricht dem Vorbild der Gottorfer Schlosskapelle.

> *Mein gastronomischer Tipp:* SeeLoge, Bleekergang 4-6, 23701 Eutin; www.seeloge.de: In diesem Inklusionshotel und auf der Terrasse sitzt man wie in einer Theaterloge in fantastischer Lage direkt am Eutiner See mit dem idealen Blick auf das Schloss, die Stadt und den See.

Frontseite des Schlosses Eutin

Adresse: Schloss Eutin, Schlossplatz 5, 23701 Eutin

www.ostsee-schleswig-holstein.de/eutin

www.malente-tourismus.de/holsteinische-schweiz/orte/eutin

www.schloss-eutin.de

www.museum.kreis-oh.de

www.monumentale-eichen.de/schleswig-holstein/4-kategorie/dodauer-forst

Eutin – Schlossgarten

Der Lustgarten oder Park – denn er theilt beide Eigenschaften, zeigt in seiner Kunstanlage mehr edelen Geschmack, als gewöhnlich, und vereint auf eine angenehme Weise Gefälliges und Großes. Die schönste Partie dieses Lustgartens

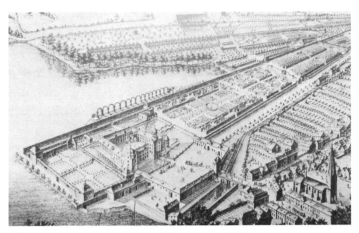

Schloss Eutin mit dem barocken Schlosspark, 1743

macht die Scene längs den Ufern des See's. Hier dringt das Wasser an einer Stelle in Gestalt einer Bucht in's Land, und verläuft sich in einer waldigen Gegend. Ein Spatziergang hindurch führt neben mit Gehölz bekleideten Anhöhen und dem See; auch zieret ihn ein Wasserfall, desgleichen kein anderer Lustgarten hiesiger Gegend aufweisen kann. Man hat die Lage auf jede Art benutzt, künstliche Abwechselung mit Naturscenen zu vereinigen. Aus einem Gesichtspunkte erblickt man nur das gegenüberliegende beholzte Ufer, das sich mit einem großen Reichthume an lieblichen Scenen vor dem Auge ausbreitet; aus einem andern bekommt man es mit dem See zu Gesichte, und zuweilen erblickt man es nur partienweise durch den meistentheils aus hohen Buchen bestehenden Vorgrund. ... Uebrigens trifft man allenthalben vor den schönsten Aussichten Ruhesitze hingestellt, und im Garten selbst wechseln in überraschender Mannigfaltigkeit, - Tempel mit Brücken, - Bäche mit Wasserfällen, - Rasenplätze mit Waldgängen, - Wiesen mit Wasserspiegeln,

- Weinrebengehänge mit Akazien, - und alles wetteifernd mit einander um den Preis des Schönen und Malerischen. Bei dem ersten Eintritte schon in diesen zwar kleinen, aber herrlichen Schloßgarten, war sein Charakter für uns freundlich und einladend; als ein Werk der Kunst und des guten Geschmacks hat er unsere Erwartungen nicht getäuscht, sondern weit übertroffen.

James Edward Marston (Peregrinus pedestris): Der Holsteinische Tourist oder Wegweiser für Fußreisende in der Umgegend von Hamburg. Hamburg 1833. Verlag Perthes & Besser. Seite 135-136.

Voller Begeisterung spricht James Edward Marston von dem Eutiner Schlosspark und beschreibt enthusiastisch die vielen Einzelheiten dieses Gartens.

Bereits die mittelalterliche Burg Eutin besaß einen eingefriedeten rechteckigen Nutz- und Heilgarten mit Arznei- und Kräuterpflanzen. In der Zeit der Renaissance wurde um 1500 ein erstes Wasserspiel eingerichtet. Im 16. Jahrhundert entstand ein großes, durch einen Wall gesichertes Wildgehege, ein typischer frühbarocker Tiergarten, um dem Fürstbischof ein eigenes Jagdrevier zu eröffnen und seinen Status hervorzuheben. Im 17. Jahrhundert umgab ein repräsentativer hufeisenförmiger Barockgarten im holländischen Stil das Schloss, mit Wasserspielen, Statuen und Vasen, der alsbald in einen typischen Broderiegarten mit symmetrisch angelegten Beeten, niedrigen Heckenumrandungen und Ornamenten weiterentwickelt wurde. 1717 wurde die Südterrasse des Schlosses mittels einer Brücke mit dem Garten verbunden, ganz im Sinne der Idee von Schloss und Garten als Einheit. Es entstanden ein Heckentheater, eine Eremitage, ein Schildkrötenteich sowie ein großer Gartenpavillon. Dem im späten

18. Jahrhundert gewandelten Geschmack und den Vorstellungen der Aufklärung entsprechend wurde der Barockgarten ab 1790 in einen weitläufigen englischen Landschaftsgarten umgewandelt. Man orientierte sich dabei an dem Kieler Gartentheoretiker Cay Christian Lorenz Hirschfeld, der in seiner „Theorie der Gartenkunst" einen Landschaftsgarten nach englischem Vorbild propagierte. Die Umwandlung des Eutiner Schlossgartens zeigte sehr deutlich den Wandel der Landschaftswahrnehmung um 1800. Ein Rundwegesystem führte nun durch den Garten mit immer neuen Blickachsen auf Teiche, Wasserläufe und Brücken und auf die neuen klassizistischen Gartenbauwerke wie den Seepavillon, den Artemis-Tempel aus Tuffstein und den Monopteros, einen griechischen Rundtempel. Der englische Landschaftsgarten und das Schloss sollten ein Gesamtkunstwerk bilden.

Warum sich ein Besuch des Eutiner Schlossgartens lohnt!

Das ist schon ein einmaliges Gartenkunstwerk: Das weitläufige Gelände des englischen Landschaftsgartens am Eutiner Schloss mit seiner an der Natur orientierten Architektur bietet dem Spaziergänger stets neue Ausblicke auf den See, auf die Wiesen und mächtigen Baumgruppen sowie auf die klassizistischen Gartenbauwerke der Aufklärungszeit. Der Eutiner Schlossgarten gilt zu Recht als der schönste in der Holsteinischen Schweiz und ist eines der bedeutendsten Gartendenkmale in ganz Schleswig-Holstein.

Ein etwa neun Kilometer langer Rundweg mit ganz leichten Steigungen führt direkt am Ufer des Großen Eutiner Sees entlang oder durch Waldabschnitte auf natürlichen Wegen mit zahlreichen Aussichten auf den See, auf die Stadt Eutin, das Eutiner Schloss und den Schlossgarten.

> *Mein Tipp für Opernfreunde:* Auf einer Freilichtbühne im alten Schlossgarten direkt am Ufer des Großen Eutiner Sees finden seit 1951 alljährlich im Sommer die traditionsreichen Eutiner Festspiele statt, bei denen neben vielen weiteren Opern und Operetten stets auch Werke des 1786 in Eutin geborenen Carl Maria von Weber zur Aufführung gelangen, immer wieder auch dessen berühmteste Oper „Der Freischütz", für den die Freilichtbühne wie geschaffen erscheint.

> *Mein gastronomischer Tipp:* Brauhaus, Markt 11, 23701 Eutin; www.brauhaus-eutin.de: Das Brauhaus mit bodenständiger Küche in rustikalem Ambiente mit Wintergarten und Biergarten bietet zu den regionalen und saisonalen Gerichten aus der hauseigenen Brauerei verschiedene natürliche und unbehandelte Biere an.

Adresse: Schlossgarten, Schlossplatz 5, 23701 Eutin

www.schloss-eutin.de/schloss-gaerten/schlossgarten

www.holsteinischeschweiz.de/poi/schlossgarten-eutin

www.malente-tourismus.de/holsteinische-schweiz/schlossgarten-eutin

Der Monopteros im Eutiner Schlossgarten

Ukleisee

Ein steter Wechsel von Farben und Formen macht eine Fahrt auf dem Kellersee zu einem Erlebnis. Der berühmteste See und das beliebteste Ziel ist der sagenumwobene Ukleisee. Eingebettet in stille Waldeinsamkeit, bietet dieser See ein Bild köstlichen Friedens, und wem es gar vergönnt ist, diesen waldumrauschten See in glanzvoller Mondnacht zu schauen, dem wird dieser Erdenwinkel voller märchentrauter Romantik unvergeßlich sein. Ein Rundgang um diesen 1400 m langen und 400 m breiten See ist außerordentlich empfehlenswert. Über die Entstehung des Ukleisees weiß die Volkssage folgendes zu berichten: „Ein herrischer, wilder Ritter liebte ein schönes Bauernmädchen, konnte sie aber nur dadurch für sich gewinnen, daß er ihr vor dem Altar der Kapelle, die sich an Stelle des Sees befand, versprach, sie zu seinem Eheweibe zu machen, und Gottes Zorn auf sich herabrief, wenn er ihr nicht treu bliebe." Es kam aber wie so häufig im Leben, und wem es just passieret, dem bricht das Herz entzwei. Der Ritter fand eine reiche Gräfin, und das Mädchen starb an Herzeleid. Als sich der Ritter mit der Gräfin in der Kapelle trauen lassen wollte, traf ihn Gottes Strafgericht. Die Kapelle versank mit Donnergetöse, ein dunkler, tiefer See entstand. Nur der Prediger, die Braut und ein unschuldiges Mädchen entgingen dem Tode. Noch heute soll an dunklen, stillen Abenden vom Grunde des Sees die Glocke der Kapelle ertönen.

Wandere mit mir durch die Holsteinische Schweiz. Hamburg 1929. Hrsg. J.A.W. Gast. Seite 6.

In dem Wanderführer durch die Holsteinische Schweiz wird die Idylle des Ukleisees und seiner Umgebung eindrucksvoll beschrieben. Nicht ohne eine gewisse Sensationslust aber

Blick auf den Ukleisee, zwischen 1890 und 1900

wird vor allem die geheimnisvolle Sage um die Entstehung des Sees erzählt.

Der Ukleisee in der Nähe von Malente geht auf einen Toteissee aus der letzten Kaltzeit, der Weichseleiszeit, zurück. Im Mittelalter muss sich am Seeufer eine slawische Siedlung befunden haben, worauf Funde einer ehemaligen Burganlage hindeuten. Zur Zeit der kulturellen Blüte des Eutiner Fürstenhofes wurde der Ukleisee zum Motiv in der Literatur, auch weil sich zahlreiche Sagen und Legenden um den See entwickelt hatten, zum Beispiel eine mystische Geschichte, nach der ein Kirchlein hier versunken sein soll. Der See ist von vielen hohen Bäumen, vor allem Eichen und Buchen, umstanden. In dem bis zu sechzehn Meter tiefen fischreichen Gewässer leben zum Beispiel Ukeleien, Rotaugen, Hechte, Barsche, Moderlieschen, Rotfedern, Aale, Karpfen, Gründlinge, Zander, Brachsen und Kaulbarsche.

Warum sich ein Besuch des Ukleisees lohnt!

Romantik pur: Um den kleinen Ukleisee führt ein nahezu verträumter Rundwanderweg. Einziges Gebäude am See ist neben Häusern der Forstverwaltung das am Ostufer 1776 erbaute ehemalige Jagdschlösschen des in Eutin residierenden Lübecker Fürstbischofs Friedrich August, das als Teepavillon, Lusthaus für kleine Feierlichkeiten sowie als Jagdschloss genutzt wurde. Von hier aus ist ein besonders reizvoller Blick über den See erlaubt. Das reizende Jagdschlösschen steht in der Gegenwart für Konzerte und andere Veranstaltungen zur Verfügung.

Unweit des Ukleisees lockt ein weiterer schöner See, der Kellersee, um den ein fünfzehn Kilometer langer Wanderweg führt. Hier gibt es auch eine Badestelle und die Möglichkeit, den See mit Segelbooten oder Kanus zu befahren. In Sielbeck beginnt die Kellersee-Rundfahrt. Der Kurort Malente am Dieksee punktet mit einer schönen Seepromenade und dem Naturpfad WunderWeltWasser, der in einem Erlenbruchgebiet an der Malenter Au Tiere und Pflanzen am Wasser vorstellt und erklärt.

Zu den besonders schönen Seen der Holsteinischen Schweiz zählt auch der Krummsee. Empfehlenswert ist eine Wanderung zur Bruhnskoppel am nördlichen Ufer des Krummsees. Auf diesem höchsten Punkt der Gegend, einer vierundsiebzig Meter hohen eiszeitlichen Erhebung, der Malkwitzer Höhe, steht leider eine Hotelruine, aber der weite Ausblick über die ganze eiszeitliche Landschaft der Holsteinischen Schweiz bis zum Bungsberg belohnt den Aufstieg.

Blick auf den Ukleisee vom Jagdschlösschen aus

> *Mein Tipp für Fernsehnostalgiker:* Für Fans der berühmten Immenhof-Filme aus den fünfziger Jahren ist ein Besuch des Gutes Rothensande in der Nähe Malentes verpflichtend. Über eine lange Kastanienallee kommt man durch das schöne Torhaus in die weitläufige barocke Gutsanlage mit den alten Stallungen und dem prächtigen Herrenhaus. Alles ist in den letzten Jahren aufwändig saniert worden.

> *Mein gastronomischer Tipp:* Melkhus, Rothensande 1, 23714 Malente; www.gut-immenhof.de/restaurant-melkhus: Die Atmosphäre im historischen Kuhstall des Gutes Rothensande ist geprägt von rustikalem Stil, Holzboden, offener Feuerstelle und gemütlichen Sitzbänken, und in der Hofküche direkt am Kellersee kann man zu jeder Tageszeit regionale Köstlichkeiten bekommen.

Adresse: Jagdschlösschen, Zum Ukleisee 19, 23701 Eutin

www.holsteinischeschweiz.de/poi/ukleisee

www.malente-tourismus.de/holsteinische-schweiz/holsteiner-seenplatte/ukleisee

www.malente-tourismus.de/malente

www.5-seen-fahrt.de/anlegestelle-malente

www.malente-tourismus.de/malente/sehenswuerdigkeiten/wunderwelttwasser

www.weites.land/krummsee-see

www. gut-immenhof.de

Bungsberg

Von Kayhof geht's weiter über den Hof Rethwisch zum Dorfe Langenhagen (Wirtschaft), dann durch's Schüttenteichholz zum schönen Schüttenteiche und über die Mönch-Neversdorfer Schmiede zum Bungsberg.

Auf dem Gipfel des Berges steht das kleine Holzwärterhaus, in welchem Erfrischungen verabreicht werden; daneben ragt der 20 m hohe „Elisabeth-Turm" aus dem Walde empor. Der Bungsberg ist der höchste Punkt des Landes (186 m) und die Aussicht vom Turm einfach überraschend. Man sieht die Ostsee, Kieler Bucht und Neustädter Bucht, Rostock und Wismar, die Inseln Fehmarn und bei klarem Wetter die dänischen Inseln. Das Bild der nächsten Umgebung mit den prächtigen Buchenwäldern, zwischen denen zahlreiche große und kleine Seen hervorlugen, ist

Forsthaus auf dem Bungsberg

entzückend. Nach Süden hin erhält man noch einen Anblick vom vieltürmigen Lübeck. Auch der Verwöhnteste wird von hier nicht unbefriedigt gehen, ja in der Begeisterung, wie so viele, das ausliegende Fremdenbuch noch um ein schwungvolles Poem bereichern.

Vom Bungsberg führt ein Fußweg durch das Gehege Hasberg zum Meierhofe Kirchmühl, weiter geht's durch die Grünhäuser Feldmark zur Landstraße, auf welcher Kirchnüchel bald erreicht ist.

Krögers Führer durch die Holsteinische Schweiz. Mit Abteilung für Radfahrer. Blankenese um 1925. Johannes Krögers Buchdruckerei. Seite 47.

In der Beschreibung des Bungsbergs in Krögers Wanderführer vor rund einhundert Jahren wird vor allem der Weitblick vom Gipfel gerühmt, für den allerdings eine falsche Höhenangabe genannt wird, es sei denn, mit der Meterangabe ist die Gipfelhöhe inklusive des Elisabethturmes gemeint.

Der Bungsberg nahe dem Dorf Schönwalde im Kreis Ostholstein ist mit 167,4 Metern der nördlichste Berg Deutschlands und die höchste Erhebung Schleswig-Holsteins, in deren Nähe die Schwentine entspringt, der längste Fluss des Landes. Der Berg entstand vor rund einhundertfünfzigtausend Jahren in der Saaleeiszeit. In der Weichseleiszeit vor etwa zehntausend Jahren vermochten die Gletscher diese hohe Endmoräne nicht zu überwinden und bildeten diesen isolierten Berg. In der Fachsprache der Gletscherforscher heißt so ein aufragender Berg „Nunatak". Der Begriff aus der Sprache der Inuit bedeutet „einsamer Berg".

Warum sich ein Besuch des Bungsbergs lohnt!

Wald, wohin man schaut, und das ist keineswegs selbstverständlich in dem eigentlich waldarmen Schleswig-Holstein. Das ganze Gebiet um den Bungsberg gehört zu den waldreichsten Regionen des Landes. Die weitläufige Landschaft lädt zu leichten Wanderungen ein. Die europäischen Fernwanderwege E1 und E6 führen über den Bungsberg. Das Umwelt- und Informations-Zentrum Bungsberg, das in erster Linie als außerschulischer Lernort für Schulklassen eingerichtet ist, bietet trotzdem für alle Besucher eine kostenlose informative Bilderausstellung.

Seit 1863/1864 steht der zweiundzwanzig Meter hohe Elisabethturm auf dem Bungsberg, dessen empfehlenswerte Besteigung nach umfangreicher Sanierung seit einiger Zeit wieder möglich ist. Etwas westlich davon bietet seit 1977 der einhundertneunundsiebzig Meter hohe Fernmeldeturm

Elisabethturm auf dem Bungsberg

auf seiner Aussichtsplattform in vierzig Meter Höhe nach dem Aufstieg über eine Treppe ebenfalls einen großartigen weiten Ausblick auf das ausgeprägte Hügelland Schleswig-Holsteins, auf Teile Mecklenburgs und die Ostsee. Neben diesem Turm weist ein Findling den Weg zum Gipfel des

Bungsbergs. Der Gipfelstein, eine Granitstele, zeigt es an: die höchste Erhebung Schleswig-Holsteins.

Bei guten Schneebedingungen wird der Berg, auf den zeitweise sogar ein Schlepplift die Skifahrer hinaufbefördert, als Schleswig-Holsteins einziges und Deutschlands nördlichstes Wintersportgebiet genutzt.

Zur Auffrischung der Erinnerungen an alte Schulzeiten finden Besucher im nahen Schönwalde in der ehemaligen Schule am Dorfteich, die 1823 errichtet wurde, heute das Dorf- und Schulmuseum, das auf der heimatkundlichen Sammlung der Schule aufbaut und einen komplett eingerichteten früheren Klassenraum mit dem historischen Schulmobiliar zeigt.

Etwas nördlich von Schönwalde gibt es in Kirchnüchel neben dem höchsten schleswig-holsteinischen Berg einen weiteren Superlativ zu besichtigen, die mit einhundertzehn Metern über dem Meeresspiegel höchstgelegene Kirche Schleswig-Holsteins, die Feldsteinkirche St. Marien von 1230, ein in vorreformatorischer Zeit bedeutender Marien-Wallfahrtsort mit einer kleinen, von Flussperlen geschmückten Marienfigur.

> *Mein Tipp für Freunde ausgefallener Herrenhausarchitektur*: Ein besonderes Ausflugsziel könnte auch das Gut Kletkamp in einer tiefen, von Wasserläufen und Seen erfüllten Niederung sein. Neben dem außergewöhnlichen Herrenhaus ist auch das Torhaus aus dem 18. Jahrhundert sehenswert, das zu den prächtigsten des Landes gehört.

> **Mein gastronomischer Tipp:** Café und Restaurant 168 ü.NN, Bungsberg 1a, 23744 Schönwalde am Bungsberg; www.cafe-restaurant-168-uenn.eatbu.com: In dem geschmackvoll eingerichteten Restaurant kann der Gast neben vielen sehr leckeren Gerichten auch zwischen veganen und vegetarischen sowie laktose- und glutenfreien Speisen wählen. Der ansprechende Außenbereich ist bei sonnigem Wetter besonders einladend.

Adresse: Bungsberg 1, 23744 Schönwalde am Bungsberg

www.malente-tourismus.de/holsteinische-schweiz/ausflugsziele/bungsberg

www.erlebnis-bungsberg.de

www.holsteinischeschweiz.de/poi/erlebnis-bungsberg

www.dorfmuseum-schoenwalde.de

www.stiftung-kiba.de/kirchen/marienkirche-kirchnuechel

www.denkmalschutz.de/denkmal/Gut-Kletkamp

Oldenburg

Oldenburg selbst ist eine alte, unregelmäßig gebaute Stadt an der Brökau mit 2447 Einwohnern, sie war früher die Hauptstadt des wendisch-wagrischen Reichs im Osten von Holstein und hieß Aldenburg oder slawisch Stargard (Starigrad); im 10. Jahrhundert schon wurde hier ein Bistum errichtet, das 1163 nach Lübeck verlegt war. Im Norden der Stadt liegt ein größtenteils zum Gut Kuhof gehöriger Burgwall, die Stelle des alten Schlosses, das hier 1590 in prachtvollen Ruinen lag; der Wall ist höchst sehenswert und überragt die Häuser der Stadt bedeutend, welche sich im Halbkreise unter ihm herumziehn, was von der Heiligenhafener Landstraße aus ein originelles Bild gibt. Ehemals war auch die Brökau, die durch den bedeutenden Westseeker See in die Ostsee fließt, schiffbar und es lag ein Hafenplatz in der Nähe der Stadt, die ein beträchtlicher Handelsort war; jetzt ist die Brökau versandet und wasserarm. Eine Feuersbrunst zerstörte im Jahre 1774 hier 400 Häuser und auch größtenteils die alte Kirche.

Taschenbuch für Reisende in den Herzogthümern Schleswig, Holstein und Lauenburg. Altona 1847.

Im Taschenbuch für Reisende des Jahres 1847 wird Oldenburg als Ort beschrieben, dessen Hauptmerkmal der alle Häuser der Stadt überragende Burgwall ist, welcher aus der Zeit der slawischen Siedlung Starigard stammt und zwischen 780 und 840 entstand.

Vom 7. bis 12. Jahrhundert war ganz Wagrien, das den heutigen Kreisen Ostholstein und Plön entsprach, von der Kieler Förde bis zur Elbe bei Lauenburg von slawischen Stämmen, auch Wenden genannt, besiedelt. Es handelte sich um die Abodriten mit ihren Teilstämmen, den Wagriern im heutigen Ostholstein und den Polaben im gegenwärtigen Lauenburg. Das Herrschaftszentrum der Slawen in Wagrien war Starigard, das jetzige Oldenburg. Der Chronist Helmold von Bosau nannte in seiner „Slawen-Chronik" von 1167 neben dem slawischen Namen „Starigard" auch schon die deutsche Bezeichnung „Aldenburg". Die frühmittelalterliche

Der Oldenburger Wall und die St. Johannis-Kirche auf einem von Wilhelm Johannsen gestalteten Notgeldschein von 1921

Burg Starigard/Oldenburg, an die der imposante Ringwall immer noch erinnert, war die erste Fürstenburg der Slawen in Ostholstein, später dann Bischofssitz und Zentrum der christlichen Mission Wagriens. Interessanterweise besaß die Stadt ehemals einen Zugang zur Ostsee und verfügte über einen großen Hafen.

Die wiederholten Versuche der deutschen Könige und Kaiser seit dem 9. Jahrhundert, das Land nordöstlich der Elbe zu kolonisieren und zu christianisieren, scheiterten immer wieder an dem hartnäckigen Widerstand der slawischen Stämme. Im Gegenzug drangen die Slawen 1066 während eines großen Aufstands in ganz Nordelbingen und Jütland ein, zerstörten Hamburg und Haithabu. Der zum Christentum übergetretene Wendenfürst Heinrich beendete schließlich innerslawische Auseinandersetzungen und vereinigte die Stämme in einem slawischen Reich, das sich bis Mecklenburg und

Vorpommern erstreckte. 1235 verlieh Graf Adolf IV. von Schauenburg der Siedlung das Stadtrecht, womit Oldenburg eine der ältesten Städte Schleswig-Holsteins ist.

Warum sich ein Besuch Oldenburgs lohnt!

Aufsehenerregend ist natürlich der Besuch des Oldenburger Walls als einzigartiges Relikt aus der slawischen Vergangenheit der Stadt, des neben der Wikingersiedlung Haithabu und dem Danewerk bedeutendsten archäologischen Bodendenkmals in Schleswig-Holstein. Angeschlossen ist das Wall-Museum, ein großes Freilichtmuseum mit Nachbildungen eines slawischen Dorfes und der Hafenanlage des alten Starigards, welches in mehreren historischen, hier originalgetreu wiederaufgebauten Bauerngebäuden anhand von archäologischen Funden aus der alten Burg eindrucksvoll die Geschichte Oldenburgs und der Slawen zu verstehen hilft. Veranstaltungen dienen dazu, das Alltagsleben der Slawen erlebbar zu machen.

Auf dem Gelände des Wall-Museums befindet sich das Gildemuseum der St. Johannis Toten- und Schützengilde von 1192, der immerhin ältesten Schützengilde Deutschlands, die jährlich um den 24. Juni herum ihr „Gildefest" feiert. Die St.-Johannis-Kirche aus den Baujahren 1156 bis 1160 gilt als einer der ersten und als erster größerer Backsteinkirchenbau Nordeuropas. Das Gotteshaus ist eine mustergültige romanische Pfeilerbasilika, deren barocke Innenausstattung eine Folge des Wiederaufbaus nach dem Stadtbrand von 1773 ist.

Naturfreunde finden in dem Niederungsgebiet Oldenburger Bruch ein Naturschutzgebiet, das einer artenreichen Flora

Rekonstruktion der slawischen Siedlung und des Hafens in Starigard, dem heutigen Oldenburg

und Fauna Lebensraum bietet. Immerhin über einhundertzwanzig Vogelarten werden gezählt und über fünfhundert Pflanzenarten. Mehrere Wege durch das Naturschutzgebiet sind als Wanderwege ausgewiesen, zum Beispiel ein besonders familienfreundlicher Rundwanderweg von acht Kilometern Länge.

> *Mein Tipp für einen anregenden thematischen Wanderweg:* Der so genannte Mönchswegs, ein etwa fünfhundert Kilometer langer Radweg ab Bremen folgt den Spuren der Mönche auf ihren Missionsreisen in den Norden, führt als Teilstrecke des Ostseeküsten-Radweges den Wanderer bzw. den Radfahrer von Oldenburg über Heiligenhafen bis zur spektakulären Fehmarnsundbrücke, welche die Insel Fehmarn mit dem Festland verbindet.

> **Mein gastronomischer Tipp:** Ratskeller Oldenburg, Markt 1, 26122 Oldenburg; www.ratskeller-oldenburg.de: Wer deftige lokale Gerichte wie Gulasch, Schnitzel und Matjes liebt, ist in den historischen Gewölben des Oldenburger Ratskellers unten im Rathaus, der schon 1355 erstmals erwähnt wurde, genau richtig.

Adresse: Oldenburger Wallmuseum, Professor-Struve-Weg 1, 23758 Oldenburg in Holstein

www.oldenburg-holstein.de

www.oldenburger-wallmuseum.de

www.ostsee-schleswig-holstein.de/oldenburg-in-holstein

www.schleswig-holstein.nabu.de/natur-und-landschaft/nabu-schutzgebiete/oldenburger-bruch

www.moenchsweg.de

Heiligenhafen

Heiligenhafen … liegt an der Ostspitze Holsteins, der Insel Fehmarn gegenüber, am Meer und ist landwärts von Höhenzügen umgeben. Die Stadt besitzt einen Stadtpark und gepflegte Uferanlagen. Die vorgelagerten „Warder", die Insel Graswarder im N. und die Halbinsel Steinwarder im NW., schließen einen Binnensee ab, der zwischen dem Städtchen und dem Graswarder liegt. Eine 300 m lange Brücke führt zum Graswarder, hier die Strandhalle der deutschen

Adolf Lohse: Der Ostseestrand bei Heiligenhafen um 1895

Badegesellschaft und die Bäder (je 6 Zellen für Herren und Damen, je 3 für Knaben und Mädchen). ½ St. westlich der Stadt liegt das sogen. Eichhölzchen, an das sich das schroff ins Meer abfallende Hohe Ufer anschließt, das interessante Formationen aufweist. Die Brandung und Dünung der See an diesen Stellen ist wohl eine der großartigsten längs der ganzen Ostseeküste. Der Badestrand am Graswarder ist gering und mit Kieseln vermischt, der Wellenschlag kräftig, das reine, offene Seewasser von hohem Salzgehalt. Längs des Strandes, nach O. und W., zieht sich eine Strandpromenade. In der einfachen Strandhalle auf dem Graswarder gibt es auch frische Milch von den hier weidenden Kühen. Das Kurhaus Warteburg hat eigne Badezellen. – Das Badeleben ist ruhig und anspruchslos, Unterkunft und Verpflegung sind gut, die Preise mäßig. Unter den Besuchern (viele Mitteldeutsche, besonders Sachsen) macht sich eine antisemitische Tendenz bemerkbar. - Unterhaltung gewähren Konzerte,

Schieß-, Jagd- und Wassersport (die Jagd auf der See ist das ganze Jahr hindurch frei). Fahrten mit Dampfern oder Segelbooten auf dem Hafen oder nach den benachbarten Badeorten. Im S. und SW. Von Heiligenhafen liegen Hünengräber, so am (1/4 St.) Wachtelberg, mit überraschendem Überblick der Umgebung.

Meyers Reiseführer: Ostseebäder und Städte der Ostseeküste. Leipzig und Wien 1910. Bibliographisches Institut. Seite 266-267.

In Meyers Reiseführer rückt nach der Beschreibung der Lage und der umgebenden Naturlandschaft der Stadt Heiligenhafens Bedeutung als Erholungs- und Badeort ins Zentrum der Betrachtung, wobei bemerkenswert und vor allem erschreckend ist, dass im Jahr 1910 von „antisemitischen Tendenzen" unter den Gästen gesprochen wird.

Heiligenhafen liegt an einer Bucht, die durch eine Landzunge von der Ostsee abgetrennt ist. Die Halbinsel umfasst den Steinwarder und das Vogelschutzgebiet Graswarder. Im Westen der Stadt folgt eine Steilküste.

Erstmals im 13. Jahrhundert erwähnt, wurde Heiligenhafen im späten Mittelalter Hauptausfuhrhafen des Oldenburger Landes. Den wirtschaftlichen Aufstieg der Stadt unterbrachen mehrere Brände und Kriege vom 14. bis 17. Jahrhundert sowie die Pest im 17. Jahrhundert. Nach dem Niedergang des Seehandels, der die Grundlage für den Wohlstand der Stadt ausmachte, arbeiteten seit Beginn des 19. Jahrhunderts die meisten Menschen in der Landwirtschaft, im Handwerk und in der Fischerei. Am Ende des Jahrhunderts kam der Fremdenverkehr dazu, als 1895 die „Deutsche Badegesellschaft Heiligenhafen" gegründet wurde.

Warum sich ein Besuch Heiligenhafens lohnt!

Beschaulich ist er, der kleine Altstadtbereich Heiligenhafens mit der über siebenhundertfünfzig Jahre alten Backstein-Stadtkirche, dem Salzspeicher von 1587 und dem Marktplatz mit dem Rathaus von 1882 sowie den alten Bürgerhäusern aus verschiedenen Jahrhunderten. Das kleine Heimatmuseum Heiligenhafen in einer hübschen Jugendstilvilla informiert über die spannende Stadtgeschichte.

Den eigentlichen Erfolg als Seebad erlebte Heiligenhafen erst nach dem Zweiten Weltkrieg. In Strandnähe wurde zwischen 1969 und 1972 ein Ferienpark mit einem Reha-Zentrum und diversen Freizeitangeboten eingerichtet, neben dem über vier Kilometer langen Sand- und Dünenstrand.

Zwei Promenaden laden zum entspannenden Strandspaziergang ein. Die Seebrücke von Heiligenhafen aus dem Jahr 2013 ist vierhundertfünfunddreißig Meter lang. Die Aussicht von der Brücke weit über die Ostsee, bei gutem Wetter sogar bis nach Fehmarn ist fantastisch. Neben dem Fischereihafen mit Kuttern für Hochseeangler gibt es die Marina Heiligenhafen, den größten Yachthafen an der Ostsee mit über eintausend Liegeplätzen.

Der Nabu-Aussichtsturm in dem Naturschutzgebiet Graswarder ist vierzehn Meter hoch und bietet nicht nur einen tollen Blick über das gesamte Natur- und Vogelschutzgebiet, sondern auch interessante Informationen. Um den Binnensee in Heiligenhafen, der kein echter Binnensee ist, sondern einen Zugang zur Ostsee hat, führt ein schöner, etwa fünf Kilometer langer Wanderweg, den man per Fahrrad oder zu Fuß recht leicht erkunden kann.

Von Heiligenhafen aus sind schöne Radtouren möglich oder auch ein Ausflug auf die Ferieninsel Fehmarn. Der Ferienpark Weissenhäuser Strand, ein angenehmer Ferien- und Freizeitpark in wunderschöner Lage direkt an der Ostsee, ist etwa vierzehn Kilometer von Heiligenhafen entfernt.

> *Mein Tipp für Menschen, die für das historische Leben auf dem Lande schwärmen:* Auf dem Museumshof Lensahn, nur etwa achtzehn Kilometer von Heiligenhafen aus, erlebt der Besucher die Traditionen des bäuerlichen Lebens und des alten Handwerks aus dem 19. Jahrhundert. Man begegnet alten landwirtschaftlichen Gerätschaften und Schaufeldern über verschiedene Anbauprodukte und kann Handwerkern wie einem Schmied, einem Sattler und Weber bei der Arbeit zusehen. Am Naturlehrpfad gibt es unzählige Zier- und Nutzgehölze und Wildtiere zu entdecken. Auch der idyllische historische Bauerngarten lohnt einen Streifzug.

> *Mein gastronomischer Tipp:* Strandschuppen, Seebrückenpromenade 4, 23774 Heiligenhafen; www.bretterbude-hhf.de/gastro/restaurant-strandschuppen: In diesem Restaurant direkt an der Promenade von Heiligenhafen und am Strand werden vom reichhaltigen Frühstücksbuffet über Kaffee und Kuchen am Nachmittag den ganzen Tag lang köstliche Speisen serviert mit dem fantastischen Blick auf die Ostsee und die Insel Fehmarn inklusive.

Marktplatz von Heiligenhafen

Adresse: Markt, 23774 Heiligenhafen; Ferien- und Freizeitpark, 23758 Weissenhäuser Strand; Museumshof Lensahn, Bäderstraße 18 Prienfeldhof, 23738 Lensahn

www.heiligenhafen-touristik.de

www.ostsee.de/heiligenhafen

schleswig-holstein.nabu.de/natur-und-landschaft/naturzentren-naturstationen-infos/graswarder

www.weissenhaeuserstrand.de

www.museumshof-lensahn.de

Fehmarn

Nun flogen sie über den Fehmarn-Sund nach der Insel. Sie war ganz eben. Daher konnte Peter sie vollständig überschauen. Die Dörfer mit ihren sauberen Bauernhäusern lagen über ganz Fehmarn verstreut. Vor ihm lag die Stadt Burg. Er suchte nach alten Mauern von der früheren Burg, die hier gestanden haben soll. Aber sie waren spurlos verschwunden. Wohin er sah, überall wogten Kornfelder im Winde. Fehmarn mußte eine fruchtbare Insel sein. Zwischen den Feldern lagen grüne Weiden, auf denen Kühe grasten. Was mochten das für zwei silberne Streifen sein, die genau nebeneinander herliefen und die Insel durchquerten? Da erkannte Peter das Geleise einer Eisenbahnlinie. Ein Triebwagen kam gerade aus der Stadt Burg heraus und fuhr nach der schmalsten Stelle vom Fehmarn-Sund. An der Brücke lag ein Schiff, das vorne nicht spitz und hinten nicht rund war wie andere Schiffe. Es war eine viereckige Fähre. Bauernwagen und Autos konnten von der Straße auf das Schiff fahren. Sogar der Triebwagen fuhr auf die Fähre hinauf und wurde von ihr über den Sund gebracht.

August Clausen: Peter Jünks Reisen mit der Silbermöwe. Rendsburg 1932. Selbstverlag, Seite 22.

In seinem Jugendbuch schildert August Clausen die Reisen des Jungen Peter Jünk auf dem Rücken der Silbermöwe und dabei auch den Flug über Fehmarn und die Fährverbindung vom Festland zur Insel, lange vor dem Bau der Fehmarnsundbrücke.

Die Fehmarnsundbrücke trat an die Stelle der traditionellen Fährüberfahrt, überspannt den etwa eintausenddreihundert Meter breiten Fehmarnsund, verbindet seitdem die Insel Fehmarn mit dem Festland und schafft eine sehr günstige Verkehrsverbindung zwischen Schleswig-Holstein und seinem nördlichen Nachbarn Dänemark. Die im Volksmund „Kleiderbügel" genannte Brücke wurde 1963 dem Verkehr

Bahnhof von Burg auf Fehmarn

übergeben. Die Brücke ist einundzwanzig Meter breit und trägt auf der Ostseite das Gleis der Bahnstrecke Lübeck-Puttgarden, in der Mitte die Bundesstraße 207 sowie auf der Westseite einen kombinierten Rad- und Fußweg. Den Brückenüberbau aus Stahl bildet ein fünfundvierzig Meter hoher Netzwerkbogen, der erste und größte dieser Art in der Welt, der aus zwei gegeneinander geneigten Parallelbögen besteht, die sich im Scheitel treffen.

Warum sich ein Besuch der Insel Fehmarn lohnt!

Eine kurze Fahrt über die Brücke, und man befindet sich auf der Sonneninsel. Über die Fehmarnsundbrücke gelangen die Urlauber auf die Ferieninsel Fehmarn, neben Rügen und Usedom die drittgrößte deutsche Insel und die größte Insel Schleswig-Holsteins. Die Gäste finden hier unendlich viele Freizeitmöglichkeiten und mit rund achtundsiebzig

Kilometern Küstenlinie vor allem schöne Strände, zumal Fehmarn mit rund zweitausendzweihundert Sonnenstunden im Jahr den Ruf einer echten Sonneninsel genießt. Die Charaktere der Küstenlandschaften der Insel sind sehr unterschiedlich: An der Nordküste gibt es eine Dünenlandschaft mit Strandseen, die Ostküste zeigt sich als Kliffküste. Im Süden befinden sich bei Burgtiefe die weißesten Sandstrände Fehmarns.

Ein sehr gutes Radwegnetz ermöglicht es, die Insel vollständig zu umrunden und zu erkunden. Dabei finden Naturfreunde auf Fehmarn vielfältige Anziehungspunkte. Eine Attraktion ist zum Beispiel das Wasservogelreservat Wallnau mit seinen Beobachtungspunkten und einem Aussichtsturm, 1975 als Brut- und Schutzstätte für Zugvögel eingerichtet. Auch die Galileo Wissenswelt in Burg bietet auf dreitausend Quadratmetern innerer und sechstausend Quadratmetern äußerer Ausstellungsfläche spannende Einblicke in Naturwissenschaft und Technik, in die Erdgeschichte und in das Kunsthandwerk aller Kontinente. Das Meereszentrum Fehmarn ist ein Schauaquarium mit Haien und bunten tropischen Fischen.

Fehmarn zeichnet sich aber nicht nur durch Naturschönheiten aus, sondern bietet auch kulturelle Sehenswürdigkeiten wie das Rathaus von Burg, der Inselhauptstadt mit ihren historischen Fachwerkhäusern und Kopfsteinpflasterstraßen, und die alten Kirchen St. Nikolai in Burg, die Johanniskirche in Petersdorf und die Petrikirche in Landkirchen. In Burgtiefe existiert die Ruine der Burg Glambek, die der dänische König Waldemar II. 1210 erbauen ließ, bis zu ihrer Zerstörung im Dreißigjährigen Krieg der wichtigste Schauplatz der Inselgeschichte.

Wer gern ins Museum geht, dem seien das Mühlen- und Landwirtschaftsmuseum in der 1778 erbauten Graupenmühle Jachen Flünk, der einzigen in Europa noch existierenden Segelwindmühle, im idyllischen Fischerdorf Lemkenhafen empfohlen sowie das Peter-Wiepert-Heimatmuseum im Predigerwitwenhaus von 1581. Mehrere schöne alte Windmühlen zeugen von der alten Zeit wie die Südermühle von 1893 in Petersdorf. Fehmarn verfügt über mehrere Leuchtfeuer, die Leuchttürme Flügge, Staberhuk, Westermarkelsdorf, Strukkamphuk und Marienleuchte.

Mein Tipp für einen freien Blick über die Ostsee: Der neue sechzehneinhalb Meter hohe, barrierefreie und frei zugängliche Aussichtsturm „Utkieker" am Yachthafen Burgtiefe führt über zweiundsiebzig Stufen oder auch mithilfe eines Aufzugs auf die Aussichtsplattform, die einen fantastischen 360-Grad-Blick über Burgtiefe, den Yachthafen, den Burger Binnensee und die offene Ostsee bietet.

Mein gastronomischer Tipp: Hofcafé Albertsdorf, Albertsdorf 13, 23769 Fehmarn; www.hofcafe-albertsdorf.de: Das liebevoll eingerichtete Café in einer der schönsten Scheunen Fehmarns und der ganze Hof, den die Familie schon seit Generationen bewirtschaftet, bieten den Besuchern jede Menge Platz zum Entspannen im Innenhof, in den sonnigen Strandkörben, unter den schattigen Pavillons, in dem idyllischen Garten oder in dem gemütlichen Café inklusive Hofladen.

Fehmarnsundbrücke

Adresse: Burg auf Fehmarn, 23769 Fehmarn

www.fehmarn.de

www.ostsee.de/insel-fehmarn

www.wallnau.nabu.de/wallnaubesuch/fehmarn

www.galileo-fehmarn.de

www.natuerlichfehmarn.de/ausflugsziel-segelwindmuehle

www.museen.de/
heimatmuseum-peter-wiepert-burg-fehmarn

www.burgenarchiv.de/
burg_glambeck_in_schleswig-holstein

Segeberg

Die Bahn führt über Wakendorf nach Segeberg, einer freundlichen Kleinstadt mit 5002 Einwohnern, einem Lehrerseminar, das 1839 von Kiel hierher verlegt wurde, und einem vielbesuchten Solbad. ...Die Stadt liegt an dem gleichnamigen See, der Trave und dem „Kalkberg", einem 70 m über die Ebene emporsteigenden Felskegel.

Der Kalkberg liegt unmittelbar an der Stadt. Ein bequemer Aufstieg führt von der Westseite zur Spitze, von der man über die weite Ebene hinaus die Stadt Neumünster, die Türme von Lübeck und bei klarer Luft (mittels zur Verfügung stehenden Fernrohres) selbst die Türme von Hamburg erblickt.

Lothar II. erbaute auf Anregung des Schauenburger Grafen Adolf II. auf dem „Alberge" 1136 eine Burg, die „Siegesburg", zum Schutze gegen die Wenden. (Sie gab der Stadt den Namen.) Heinrich von Badevide zerstörte dieselbe, aber Adolf II. baute sie (1142) sofort wieder auf. Am Fuße des Berges und im Schutze der Burg erbaute Vicelin eine Kirche und ein Kloster, „und die Wenden sahen mit Ingrimm auf das Werk des kahlköpfigen Priesters", bemerkt der Chronist Helmoldt.

Das Kloster wurde bald nach Högersdorf (an der Trave) verlegt, und die Burg, später ein imposantes Gebäude im gotischen Stil, mit Zinnen und Türmen, wurde 1644 durch die Schweden (unter Torstenson) niedergebrannt.

Richters Reiseführer: Ostholstein. Die holsteinische Schweiz. Die Seebäder. Die Städte Kiel und Lübeck. Hamburg 1912-13. Verlagsanstalt und Druckerei-Gesellschaft. Seite 84-85.

Richters Reiseführer konzentriert sich bei seiner Darstellung der Stadt Segeberg auf den Kalkberg, den Bau der Burg und der Kirche sowie die Gründung der Stadt.

Der ehemals etwa einhundertzwanzig Meter hohe Segeberger Kalkberg bot sich schon früh für die Anlage einer Burg im Grenzland zwischen Sachsen und Slawen an. Der Missionar Vicelin überzeugte den deutschen Kaiser Lothar III. von Supplinburg von der strategischen Bedeutung des Kalkbergs. Dieser ließ 1134 eine erste Burg darauf errichten, die den Namen Siegesburg erhielt, sowie an ihrem Fuß eine Kirche und Klosteranlagen. Nach der Zerstörung durch die Slawen wurde die Burg 1143 von dem Schauenburger Grafen Adolf II. wiederaufgebaut.

Im 15. und 16. Jahrhundert war Segeberg lange Zeit Sitz des königlich-dänischen Amtmannes. Unter dem berühmtesten Amtmann Heinrich Rantzau wurde die 1534 völlig zerstörte Stadt wieder aufgebaut, und einige wichtige Bauwerke entstanden, zum Beispiel das Rantzau-Palais, die Segeberger Pyramide, von der nur Reste in der Rantzau-Kapelle erhalten sind, sowie ein Obelisk, von dem aber nur noch der Sockel existiert.

Warum sich ein Besuch Bad Segebergs lohnt!

Viele Besucher verbinden Segeberg mit Wildwest und dem Namen Karl May. Aber die Stadt Segeberg am südwestlichen Ufer des Großen Segeberger Sees bietet so viel mehr, zum Beispiel eine schöne Altstadt und die sehenswerte Marienkirche, eine dreischiffige Backsteinbasilika im romanischen

Die Segeberger Burg. Aus: Braun und Hogenberg, Civitates orbis terrarum, Köln 1588

Stil. Das Museum Alt-Segeberger Bürgerhaus, das älteste Haus Bad Segebergs aus dem Jahr 1541, zeigt die Stadtgeschichte und die bürgerliche Wohnkultur seit der Frühen Neuzeit. Der erwähnte Heinrich Rantzau ließ 1588 an der Hamburger Straße eine Pyramide zum Andenken an König Frederik II. von Dänemark errichten. In der Nähe entstand der so genannte Rantzau-Obelisk. Beide Bauwerke verfielen aufgrund des Baumaterials, des Minerals aus dem Kalkberg, das unter Wassereinfluss Volumen und Kristallstruktur verändert. Die Reste der Pyramide wurden 1770 mit der heutigen Rantzau-Kapelle überbaut.

Für den gegenwärtig einundneunzig Meter hohen Rest-Kalkberg wurde der ursprüngliche Gipsabbau begrenzt, weil der Berg zum beliebten Aussichtspunkt avancierte, der vom Gipfel einen Blick weit ins Land und bei guter Sicht bis zu den Kirchtürmen Lübecks gewährt. Die Kalkberghöhle, die nördlichste Karsthöhle Deutschlands, wurde 1913 entdeckt und kann besichtigt werden. In der sensationellen Fledermaushöhle Noctalis, dem Winterquartier für mehr als dreißigtausend Tiere, erfährt der Besucher auf über fünfhundert Quadratmetern Ausstellungsfläche Wissenswertes und Spannendes über Fledermäuse. Der Besuch der sommerlichen Karl-May-Festspiele am Kalkberg ist äußerst empfehlenswert.

Durch die Stadt verläuft der Naturparkweg, der die fünf Naturparks in Schleswig-Holstein für Wanderer verbindet. Im Norden der Stadt befinden sich ebenfalls Naturschutzgebiete, der Ihlsee und der Ihlwald. Auch eine Wanderung um den Großen Segeberger See lohnt sich allemal.

Nur fünf Kilometer südlich von Segeberg liegt im schönen Tal der Trave der Ort Traventhal, der einst ein prächtiges Schloss aufwies. Noch etwas weiter südlich befindet sich das nördlichste Benediktiner-Kloster Deutschlands, das Kloster Nütschau in Travenbrück. Das Hauptgebäude ist ein schlichter Renaissancebau, eines der ältesten Herrenhäuser im Kreis Stormarn, gebaut von Heinrich Rantzau. Das Dreigiebelhaus mit seinen einfachen Proportionen und den großen Satteldächern ist ein typisches schleswig-holsteinisches Mehrfachhaus.

Ein Abstecher zum nahe gelegenen Brenner Moor in der Traveniederung, dem größten binnenländischen Salzmoor Schleswig-Holsteins, lohnt sich ebenfalls. Während der Tour kann der Wanderer immer wieder Betrachtungen über die faszinierende Geschichte und die Lebenswelt der Menschen in vorchristlicher Zeit anstellen.

Marienkirche in Bad Segeberg

„ *Mein Tipp für historisch Interessierte:* Durch das idyllische Travetal, östlich der Anlagen des Klosters Nütschau, geht es durch Wald, an Feldern und Wiesen vorbei durch eine abwechslungsreiche Natur- und Kulturlandschaft. Bei der Nütschauer Schanze stößt man auf die Spuren einer hufeisenförmigen alten Wallanlage, die man besteigen kann. Dieser Wall gehörte zum Limes Saxoniae, der hier verlief, also der „Grenze Sachsens" zu den slawischen Stämmen, die 809 von Karl dem Großen während seines Feldzuges nach Norddeutschland errichtet wurde. "

> *Mein gastronomischer Tipp:* Restaurant am Ihlsee, Am Ihlsee 2, 23795 Bad Segeberg; www.ihlsee-restaurant.de: Das Restaurant ist idyllisch am waldumsäumten Ihlsee am Stadtrand von Bad Segeberg gelegen und bietet in dem stilvoll eingerichteten Gastraum oder im Sommer auf der Terrasse mit herrlichem Seeblick köstliche Gerichte der traditionellen Küche sowie Kaffee und Kuchen.

Adressen: Marienkirche, Kirchplatz 5, 23795 Bad Segeberg; Am Kalkberg, 23795 Bad Segeberg; Kloster Nütschau, Schloßstraße 26, 23843 Travenbrück

www.bad-segeberg.de

www.kirche-segeberg.de

www.noctalis.de

www.naturpark-holsteinische-schweiz.de/naturschutzgebiet-ihlsee-und-ihlwald

www.stormarnlexikon.de/brennermoor_naturschutzgebiet

www.kloster-nuetschau.de

Quellenverzeichnis: 45 historische Quellen

- Andersen, Hans Christian: Das Märchen meines Lebens. Band I, Elftes Capitel, Von 1849 bis 1844. Berlin 1879. Hofbuchhandlung E. Bichteler & Co.

- Andersen, Hans Christian: Brief an Edvard Collin vom 4. Februar 1843.

- At-Tartûschi: Besuch in Haithabu/Schleswig im Jahr 965. Aus: Georg Jacob (Hg.): Arabische Berichte von Gesandten an germanische Fürstenhöfe aus dem 9. und 10. Jahrhundert. Quellen zur deutschen Volkskunde 1, 1927.

- Baedeker, Karl: Reisehandbuch Schleswig-Holstein und Hamburg. Hamburg 1949.

- Busch, Moritz: Schleswig-Holsteinische Briefe, Erster Band. Leipzig 1856. Verlag Gustav Mayer.

- Busch, Moritz: Schleswig-Holsteinische Briefe. Zweiter Band. Leipzig 1856. Verlag Gustav Mayer.

- Clausen, August: Peter Jünks Reisen mit der Silbermöwe. Rendsburg 1932. Selbstverlag.

- Detlefsen, Detlef: Glückstadt, das heutige im alten. Ein Fremdenführer. Glückstadt 1906. Verlag Max Hansen.

- Eisenbahn-Gesellschaft Altona-Kaltenkirchen-Neumünster (Hg.): Wanderbuch durch Mittelholstein. Hamburg um 1938. Verlag Ködner.

- Fack, Marx Wilhelm: Kiel und seine Umgebung. Ein Führer durch Stadt und nächste Umgebung für Freunde der schönen Natur. Kiel 1867. G. v. Maack's Verlag.

- Führer durch die Holsteinische Schweiz, Mölln, Ratzeburg etc. mit Karten, Abbildungen und einer Abtheilung für Radfahrer. Blankenese 1863. Johannes Kröger Verlag.
- Gemeinnütziger Verein (Hg.): Schwarzenbek. Sachsenwald. Ausflugsort. Sommerfrische. - Fremdenführer. Schwarzenbek 1900. Druckerei H. Lorenz.
- Gloy, Arthur: Aus Kiels Vergangenheit und Gegenwart. Ein Heimatbuch für jung und alt. Kiel 1926. Robert Cordes Verlag.
- Grosch, Heinrich August: Briefe ueber Holstein. Kopenhagen 1790.
- Haas, Hippolyt; Hermann Krumm; Fritz Stoltenberg (Hg.): Schleswig-Holstein meerumschlungen in Wort und Bild. Kiel 1896. Verlag Lipsius und Tischer.
- Hinrichs, Emil: Wanderung durch Holstein. Wege zur Heimat. Lübeck 1933. Verlag Franz Westphal.
- Hoffmann, Georg: Von Kiel nach Brunsbüttel – Eine Fahrt durch den Nordostseekanal vor der Eröffnung. In: Adolf Kröner (Hg.): Die Gartenlaube. Leipzig 1895. Verlag Ernst Keil's Nachfolger.
- Illustrirter Reise- und Bade-Führer für Flensburg und Umgegend, das Ostseebad Glücksburg, Sundewitt und Alsen. Flensburg 1880. Verlag August Westphalen.
- Jensen, Christian: Schleswig und Umgebung. Ein Führer nebst Plan der Stadt und des Gehölzes. Schleswig 1909. Verlag Johannes Ibbeken.

- Knobbe, Theodor von/Wilhelm Cornelius: Wanderungen an der Nord- und Ostsee. Zweite Abteilung: Wilhelm Cornelius, Ostsee. Leipzig 1841. Georg Wigand's Verlag.
- Krögers Führer durch die Holsteinische Schweiz. Mit Abteilung für Radfahrer. Blankenese um 1925. Johannes Krögers Buchdruckerei.
- Lühr, Heinrich: Die Holsteinische Schweiz. Praktischer Führer. Griebens Reiseführer Band 97. Berlin 1909-1910. Verlag Albert Goldschmidt.
- Marston, James Edward (Peregrinus pedestris): Der Holsteinische Tourist oder Wegweiser für Fußreisende in der Umgegend von Hamburg. Hamburg 1833. Verlag Perthes & Besser.
- Meyers Reisebücher: Nordseebäder und Städte der Nordseeküste. Leipzig und Wien 1907. Bibliographisches Institut.
- Meyers Reisebücher: Ostseebäder und Städte der Ostseeküste. Leipzig und Wien 1910. Bibliographisches Institut.
- Mügge, Theodor: Streifzüge in Schleswig-Holstein und im Norden der Elbe. Frankfurt am Main 1846. Literarische Anstalt.
- Petersen, J.A.: Wanderungen durch die Herzogthümer Schleswig, Holstein und Lauenburg. Erste Section. Rendsburg mit der Umgegend, die Eider und der Schleswig-Holsteinische Canal. Kiel 1839. Druck in der Königlichen Schulbuchdruckerei durch C. Wäser.
- Petersen, J.A.: Wanderungen durch die Herzogthümer Schleswig, Holstein und Lauenburg. Zweite Section. Amt Hütten, Stapelholm, Friedrichstadt und die Treene. Kiel

1839. Druck in der Königlichen Schulbuchdruckerei durch C. Wäser.

- Philippsen, Heinrich und Carl Sünksen: Führer durch das Dannewerk. Hamburg 1903. Verlag Grefe & Tiedemann.
- Rasch, Gustav: Ein Besuch in Rendsburg. In: Ernst Keil (Hg.), Die Gartenlaube Heft 5. Leipzig 1864. Ernst Keil Verlag.
- Richters Reiseführer: Ostholstein. Die holsteinische Schweiz. Die Seebäder. Die Städte Kiel und Lübeck. Hamburg 1912-13. Verlagsanstalt und Druckerei-Gesellschaft.
- Schrader, Friedrich Nicolaus: Reise von Hamburg nach Kiel vom 8.-16. Juli 1828.
- Seume, Johann Gottfried: Mein Sommer 1805. 1806.
- Storm, Theodor: Bruchstücke einer eignen Lebensgeschichte, Aus der Jugendzeit, 2. Westermühlen. In: Sämtliche Werke. Achter Band. Bruchstücke einer eignen Lebensgeschichte. Aufsätze, Anzeigen und Vorreden. Leipzig 1920. Insel Verlag.
- Taillefas, J.: Skizzen einer Reise nach Holstein besonders der Probstey Preetz im Sommer 1817. Hamburg 1819. Verlag des Verfassers und in Commission bey O.K.T. Busch, in Altona, Königl. privilegirtem Buchhändler, gedruckt bey Hartwig und Müller.
- Taschenbuch für Reisende in den Herzogthümern Schleswig, Holstein und Lauenburg. Altona 1847.
- Verkehrsverein Friedrichstadt (Hg.): Bade- und Kurort Friedrichstadt an der Eider. Friedrichstadt um 1910. Buchdruckerei Martin Pfeiffer.

- Verkehrs- und Verschönerungsverein (Hg.): Lütjenburg in Ostholstein. Führer durch Stadt und Umgegend. Schleswig 1926. Druckerei Jul. Bergas.

- Verne, Paul: Von Rotterdam nach Kopenhagen am Bord der Dampfyacht „Saint Michel". In: Bekannte und unbekannte Welten. Abenteuerliche Reisen von Julius Verne, Band 39-40, 7. Kapitel. Wien, Pest, Leipzig 1883.

- Voß, Magnus: Fremden-Führer durch Husum und nächste Umgebung. Mit Bildern, einem Plane der Stadt und einer Karte von Husum und seiner nächsten Umgebung. Husum 1903. Friedrich Petersen's Buchdruckerei.

- Wandere mit mir durch die Holsteinische Schweiz. Hamburg 1929. Hrsg. J.A.W. Gast.

- Wandere mit mir in den Sachsenwald. Bergedorf, Reinbek, Aumühle, Geesthacht, Schwarzenbek. Hamburg 1931. Verlag J.A.W. Gast.

- Wienbarg, Ludolf: Tagebuch von Helgoland. Hamburg 1838. Hoffmann und Campe.

- Willkomm, Ernst: Wanderungen an der Nord- und Ostsee. Leipzig 1850. C.A. Haendel's Verlag.

- Würzer, Heinrich: Dritter Spazziergang in und um Altona. In: Hamburg und Altona. Eine Zeitschrift zur Geschichte der Zeit, der Sitten und des Geschmaks. Erster Band, Drittes Heft. Hamburg 1801. Friedrich Hermann Nestler Verlag.

Literaturverzeichnis

- Bohn, Robert: Geschichte Schleswig-Holsteins. München 2006. Verlag C.H.Beck.

- Bohn, Robert; Uwe Danker: Schleswig-Holstein. Geschichten auf den Punkt gebracht. Neumünster 2008. Wachholtz Verlag.

- Brandt, Otto: Geschichte Schleswig-Holsteins. Ein Grundriss. Kiel 1966. Walter G. Mühlau Verlag.

- Degn, Christian: Schleswig-Holstein – eine Landesgeschichte. Historischer Atlas. Neumünster 1994. Wachholtz Verlag.

- Ibs, Jürgen H.; Eckart Dege, Henning Unverhau (Hg.): Historischer Atlas Schleswig-Holstein. Vom Mittelalter bis 1867. Neumünster 2004. Wachholtz Verlag.

- Jensen, Jürgen/Wulf, Peter (Hg.): Geschichte der Stadt Kiel. Neumünster 1991. Karl Wachholtz Verlag.

- Lange, Ulrich (Hg.): Geschichte Schleswig-Holsteins. Von den Anfängen bis zur Gegenwart. Neumünster 1996. Wachholtz Verlag.

- Opitz, Eckardt: Schleswig-Holstein. Landesgeschichte in Bildern, Texten und Dokumenten. Hamburg 1988. Rasch und Röhring Verlag.

- Scharff, Alexander: Schleswig-Holsteinische Geschichte. Ein Überblick. Territorien-Ploetz. Freiburg/Würzburg 1982. Verlag Ploetz.

- Wenners, Peter: Schleswig-Holstein und Dänemark. Geschichte im Spiegel der Literatur. Heide 2019. Boyens Buchverlag.
- Wenners, Peter: Handel und Wandel. Lesebuch zur Alltagsgeschichte in Schleswig-Holstein. Heide 2020. Boyens Buchverlag.
- Wenners, Peter: 75x Schleswig-Holstein entdecken. Ein Tourenbegleiter durch die Landesgeschichte. Heide 2022. Boyens Buchverlag.
- Witt, Jann Markus; Heiko Vosgerau (Hg.): Schleswig-Holstein von den Ursprüngen bis zur Gegenwart. Eine Landesgeschichte. Hamburg 2002. Convent Verlag.

Abbildungen

Keine der historischen Abbildungen unterliegt mehr einem Copyright. Die Farbbilder sind eigene vom Verfasser erstellte Fotografien. Für das Foto Plöner See vom Parnass-Turm danke ich Sibylle Ihnenfeldt/Plön.

Zum Autor

Peter Wenners, geboren 1950 in Kiel, studierte nach dem Abitur an der Christian-Albrechts-Universität Kiel Germanistik, Geographie, Skandinavistik und Kunstgeschichte sowie Pädagogik und Soziologie. Ab 1978 unterrichtete er an der Heinrich-Heine-Schule in Heikendorf die Fächer Deutsch und Geographie.

1985 legte Peter Wenners mit seiner Dissertation über „Die Probsteier Familiennamen vom 14. bis 19. Jahrhundert" und der mündlichen Prüfung in den Fächern Germanistik, Geographie und Kunstgeschichte seine Promotion ab. In den Jahren 1991–1993 war er am Germanistischen Institut der Christian-Albrechts-Universität Kiel im Rahmen eines Lehrauftrags als Dozent für die Fachdidaktik des Deutschunterrichts tätig.

1993 wurde Peter Wenners zum Leiter des Gymnasiums Altenholz gewählt. Dieses Amt nahm er über 22 Jahr lang wahr bis zu seiner Versetzung in den Ruhestand 2016. Nach seiner Pensionierung engagierte er sich von 2016 bis 2020 als pädagogisch-wissenschaftlicher Leiter der Juniorakademie St. Peter-Ording, eines Förderprogramms für hochbegabte Jugendliche aus Schleswig-Holstein und Hamburg.

Seit 2016 widmet sich Peter Wenners dem Schreiben von historischen Sachbüchern über Kiel, Schleswig-Holstein und Skandinavien.

Veröffentlichungen:

- Die Probsteier Familiennamen vom 14. bis 19. Jahrhundert. Mit einem Überblick über die Vornamen im gleichen Zeitraum. Kieler Beiträge zur deutschen Sprachgeschichte Band 11. Karl Wachholtz Verlag, Neumünster 1988. ISBN 978-3-529-04361-1

- Die Probstei im 18. und 19. Jahrhundert. In: Jahrbuch für Heimatkunde im Kreis Plön. 19. Jahrgang 1989, Seite 50–63.

- Kieler Objekte erzählen Stadtgeschichte. Eine Entdeckungstour zu den Zeugen der Vergangenheit. Boyens Buchverlag, Heide 2017. ISBN 978-3-8042-1467-5
- Spaziergänge durch Alt-Kiel. Historischer Stadtführer auf den Spuren Theodor Storms. Boyens Buchverlag, Heide 2018. ISBN 978-3-8042-1494-1
- Schleswig-Holstein und Dänemark. Geschichte im Spiegel der Literatur. Boyens Buchverlag, Heide 2019. ISBN 978-3-8042-1513-9
- Handel und Wandel. Lesebuch zur Alltagsgeschichte in Schleswig-Holstein. Boyens Buchverlag, Heide 2020. ISBN 978-3-8042-1535-1
- 75x Schleswig-Holstein entdecken. Ein Tourenbegleiter durch die Landesgeschichte. Boyens Buchverlag, Heide 2022. ISBN 978-3-8042-1555-9
- Was sie wurden, was sie waren. Jugendtage großer Norweger. 16 Biographische Skizzen. Epubli Verlag, Berlin 2022. ISBN 978-3-7565-2059-6
- Königinnen des Nordens. 50 Biographische Skizzen. Epubli Verlag, Berlin 2022. ISBN 978-3-7565-2623-9
- Die Schlösser der Herzogin. Fiktive Briefe der Friederike Amalie von Schleswig-Holstein-Gottorf. Epubli Verlag, Berlin 2022. ISBN 978-3-7565-4169-0
- Bewegte Zeiten. Kiel 1848. Roman. Epubli Verlag, Berlin 2023.

Alles über das Reisen

Brasilien Frankreich Jordanien Vietnam
Griechenland Türkei **Mallorca**
USA **Kanada** Italien
Ägypten Portugal Gambia
Teneriffa **Myanmar**
Nepal **Ibiza** Indien **Menorca**
Iran Mexiko Israel

Infos über alle Reiseziele und mehr unter www.reisebuch.de reisebuch.de

Reisebuch Verlag - Lektüre für die Reise

Weitere Titel im Buchshop sowie im Buchhandel
www.reisebuch-verlag.de/programm
www.reisebuch-verlag
www.reisebuch.de

FÜR **ALLE,** DIE GERN **LESEN &** VERREISEN

unterwegs... das exklusive Reisemagazin **entführt alle drei Monate auf 184 Seiten in ferne Länder und heimische Regionen, in Städte oder auf Inseln.** Grenzenlos und überraschend, verträumte Orte und pulsierende Metropolen. Jedes Heft überrascht mit **atemberaubenden Bildern und Texten, die dich nicht mehr loslassen.** Jede Ausgabe ist Inspiration pur, bietet exklusive Tipps, verführt zum Lesen und träumen und animiert zum Aufbrechen.
Teste es jetzt!

BOARDING PASS
DIE GEDRUCKTE LUST ZUM REISEN

CHECK IN
WE DISCOVER THE WORLD

Du kannst es kaum erwarten mehr von der Welt zu entdecken? Lass dir einfach **unterwegs...** direkt nach Hause liefern. Und erhalte noch vor Verkaufsstart deine persönliche Ausgabe zum Vorzugspreis!

HIER SCHREIBEN REISENDE ÜBER'S REISEN

DAS LESEMAGAZIN
MIT EXKL. BUCH- UND LESETIPPS

Mit dem Rabattcode
REISEBUCH24
** **20 %** **
auf den regulären Preis sparen.
Für alle Ausgaben und Abos verfügbar!
www.unterwegs.reisen

 @unterwegs.reisen

Jede Ausgabe von unterwegs...
✓ voller atemberaubender Fotos,
✓ inspirierender Geschichten,
✓ Abenteuerreisen sowie zahlreiche
✓ Erlebnisberichte aus allen Ecken der Welt.

www.unterwegs.reisen

Printed in France by Amazon
Brétigny-sur-Orge, FR